BAUEN? KANN ICH!

BAUEN? KANN ICH!

20 Bastelideen – inspiriert durch große Bauwerke

Joséphine Seblon

illustriert von Robert Sae-Heng

MIDAS

Inhalt

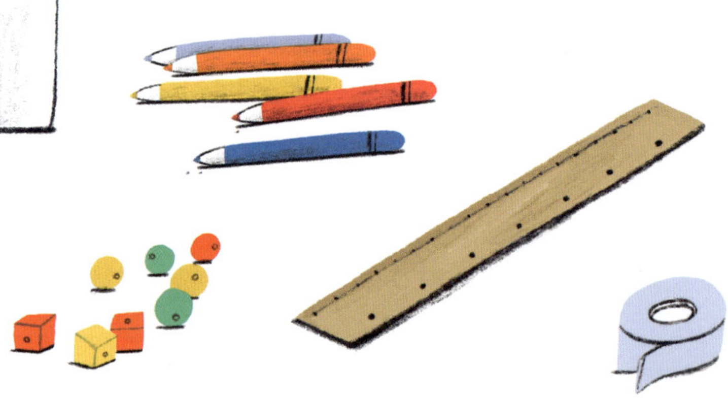

MODERNE ARCHITEKTUR? KANN ICH!

ZEITGENÖSSISCHE ARCHITEKTUR? KANN ICH!

EINFÜHRUNG

»Architektur beginnt, wenn zwei Backsteine sorgfältig zusammengesetzt werden.«

LUDWIG MIES VAN DER ROHE

Von klein auf fühlen sich Kinder dazu hingezogen, Räume zu gestalten und Gebäude zu konstruieren. Sie haben einen ausgeprägten Instinkt für das Bauen und sind von den Strukturen in ihrer Umgebung fasziniert. Ich erlebe das bei meinen eigenen Kindern, wenn sie eine weitere »Miniwelt« bauen. Aber was können sie von berühmter historischer, moderner und zeitgenössischer Architektur aus aller Welt lernen?

Dieses Buch stellt berühmte Bauwerke vor - von den Pyramiden des Alten Ägyptens bis zu Zaha Hadids zeitgenössischen, geschwungenen Kreationen - als Ausgangspunkt für Mini-Architekten, um Konzepte aufzugreifen und verschiedene Stile, Techniken und Materialien zu erkunden. Oder, mit anderen Worten, um Ideen von großen Architekten zu übernehmen und mit ihnen zu spielen!

Jedes der 20 Projekte in diesem Buch bietet den Kindern die Möglichkeit, etwas über ein berühmtes Gebäude oder einen Raum zu lernen, darüber nachzudenken, was diese besonders macht, und dann ihr eigenes Mini-Modell zu bauen, indem sie einfachen Schritt-für-Schritt-Anleitungen folgen. Ich habe jede Aktivität mit meinen Kindern ausprobiert und darauf geachtet, dass die Materialien leicht zu beschaffen sind. Viele können sogar aus Haushaltsgegenständen recycelt werden.

Dieses Buch wendet sich an alle kleinen Baumeister und Architektinnen, die herausfinden wollen, wie sie eine Welt gestalten können, in der sie leben wollen. Auf die Plätze, fertig, bauen!

Joséphine Seblon

Le Corbusier, Impression des *Modulor*, gegossen in Beton, Nantes, Frankreich, 1955

So geht dieses Buch

Eine Bastelkiste

Jedes Projekt enthält eine Liste mit den benötigten Materialien, doch für den kreativen Prozess ist weiteres Material nützlich. Zur Grundausstattung einer Bastelkiste gehören: weißes und farbiges Papier, Bleistifte und Buntstifte, auswaschbare Farben, Knete, Schere und Kleber. Sie können auch gebrauchte Materialien wie Pappkartons und Röhren und Dinge aus der Natur verwenden, z. B. Zweige und Steine.

Das richtige Projekt

Jedes Projekt ist einzigartig und verwendet unterschiedliche Techniken. Es lohnt sich also, eines zu wählen, das zur Stimmung der kleinen Baumeistern passt! Berücksichtigen Sie dabei ihre Interessen und das Gelernte sowie die Materialien, die zur Verfügung stehen. Manche Projekte sind so einfach und minimalistisch wie die Gebäude, von denen sie inspiriert wurden, andere sind lebhaft und farbenfroh. Es ist für alle etwas dabei!

Verschiedene Techniken

Es gibt viele Möglichkeiten, ein Gebäude zu bauen. Arbeiten Sie mit Ihrem Kind zusammen, um Techniken zu erforschen, und experimentieren Sie ruhig. Das Ausprobieren von Strukturen macht Spaß und lohnt sich, vor allem, wenn man Dinge übereinander stapelt! Warum nur Pappkartons auftürmen? Probieren Sie Kieselsteine, Papierdreiecke, Eisstiele und vieles mehr!

Ein eigenes Projekt

Dieses Buch ist eine Zeitmaschine voller Gebäude aus der ganzen Welt, die kleinen Architektinnen inspirieren. Aber es ist nicht nötig, die Projekte genau zu kopieren. Die Anleitungen sind ein Ausgangspunkt, um eigene Ideen zu entwickeln. Scheuen Sie sich nicht, die Dinge zu verändern. Warum nicht eine nachhaltige mittelalterliche Burg bauen? Wie würde ein Zen-Spielplatz aussehen? Die Welt der Architektur liegt Ihnen zu Füßen!

ANTIKE ARCHITEKTUR?

KANN ICH!

Die ersten Architekten stellten Bauwerke her, um sich vor Wetter und Gefahren zu schützen. Kleine, aber perfekt geformte Behausungen wie Iglus und Tipis ließen sich schnell bauen – perfekt für Nomaden auf der Durchreise –, während mittelalterliche Burgen viel länger brauchten, aber mehr Schutz boten.

Den Baumeistern der Vergangenheit ging es nicht nur um Sicherheit und Schutz. Auch sakrale Räume waren wichtig. Einige antike Bauwerke, wie die großen Pyramiden von Gizeh und Stonehenge, sind so alt, dass Archäologen nicht genau wissen, welche Baumethoden verwendet wurden.

Die Projekte in diesem Kapitel helfen den kleinen Architektinnen, etwas über Gewicht, Gleichgewicht und das Stapeln von Dingen zu lernen. Sie erkunden auch einfache architektonische Formen wie Dreiecke, Kreise, Rechtecke sowie gerade und geschwungene Linien. Sie arbeiten mit Steinen, Zweigen, Papier, Strohhalmen, Sand und viel Pappe!

Steinkreis

Stonehenge

schau an!

Stonehenge, Wiltshire, England, ca. 1800-1500 v. Chr.

Stonehenge ist ein berühmtes prähistorisches Monument und eines der größten Rätsel der Welt. Es handelt sich um einen riesigen, von Menschenhand geschaffenen Kreis aus stehenden Steinen, der vor Tausenden von Jahren in England errichtet wurde.

überleg mal!

Niemand weiß sicher, wie diese riesigen Steine transportiert wurden. Manche von ihnen wogen mehr als 25 Tonnen, also so viel wie 4 Elefanten!

- Es gab damals noch keine Lastwagen oder große Maschinen. Was meinst Du, wie die Steine bewegt wurden?
- Erkennst Du die Steinbögen im äußeren Kreis? Wie legten die Menschen die Steine oben quer?
- Was meinst Du, wozu Stonehenge diente? Einige Steine sind perfekt am Stand der Sonne am kürzesten und am längsten Tag des Jahres ausgerichtet. Vielleicht ist das ein Hinweis?

probier's aus!

Baue ein Mini-Stonehenge aus Kieselsteinen.

Du brauchst:

- Kieselsteine unterschiedlicher Größe
- Ein Stück Pappe
- Grüne Farbe
- Schale für Farbe
- Pinsel
- Klebekitt

1

Sammle Steine und ordne sie der Größe nach.

2

Male die Pappe grün und lass sie trocknen. Das wird die Gras-Unterlage.

3

Befestige kleine Klebekugeln (groß wie eine Murmel) unten an den Steinen, die später stehen sollen.

4

Drücke die Steine auf die Pappunterlage, sodass sie aufrecht stehen. Ordne sie in einem Steinkreis an.

Top-Tipp! Suche Dir für Deine Bögen stehende Steine von ähnlicher Höhe aus und platziere sie so nah beieinander, dass Du einen Stein darüberlegen kannst.

Baue einige Bögen, indem Du Steine quer über zwei andere legst.

Was noch?

Welche Spiele haben die Baumeister von Stonehenge wohl gespielt? Das wissen wir nicht genau! Aber eines ist sicher: Steine eignen sich hervorragend als Dominosteine. Warum malst Du nicht eine Linie in die Mitte eines jeden Steins und fügst Punkte auf beiden Seiten hinzu, um Dein eigenes Stein-Domino-Set zu basteln?

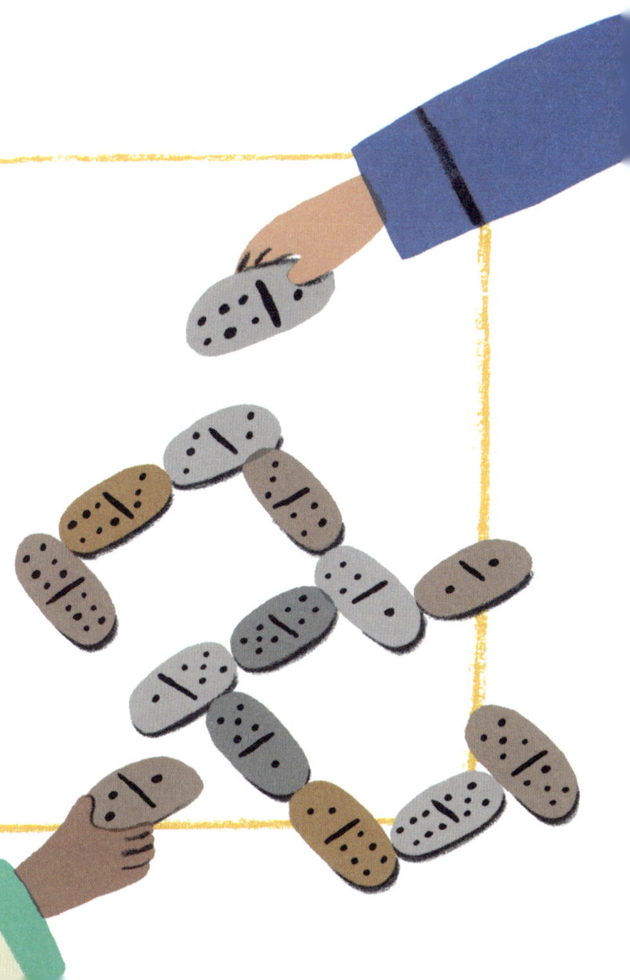

Papier-Pyramiden

Die Pyramiden von Gizeh

schau an!

Die Pyramiden von Gizeh, Ägypten, ca. 2575-2465 v. Chr.

Die Pyramiden von Gizeh gehören zu den ältesten und berühmtesten Monumenten der Welt. Sie waren Grabstätten für altägyptische Könige, Pharaonen genannt. Aber wie sie vor 5.000 Jahren gebaut wurden, ist immer noch ein kleines Rätsel. Ägyptologen gehen heute davon aus, dass die schweren Steinblöcke auf hölzernen Schlitten an ihren Platz geschleppt wurden.

überleg mal!

Die große Pyramide in der Mitte ist 137 m hoch, wie etwa 32 gestapelte Doppeldecker-Busse!

- Kannst Du Dir vorstellen, wie weit Du von dort oben schauen könntest?
- Die Pyramiden werden von einer riesigen Statue einer mythischen Kreatur bewacht, der Sphinx. Sie hat den Kopf eines Menschen und den Körper eines Löwen. Welche mythische Kreatur würdest Du Dir als Beschützerin oder Beschützer aussuchen?
- Wusstest Du, dass die Pyramiden einst mit weißem Kalkstein überzogen waren und an der Spitze ein goldener Stein in der Sonne glänzte?

probier's aus!

Baue Deine eigene Pyramide aus Mini-3D-Dreiecken.

Du brauchst:

- Dickes weißes Papier
- Dickes goldenes Papier
- Lineal
- Bleistift
- Schere
- Klebeband

1

Zeichne mit Lineal und Bleistift 8 weiße und einen goldenen Papierstreifen auf - 3 cm breit und 9 cm lang. Schneide sie aus.

2

Miss bei jedem Streifen 3 cm von jedem Ende ab und falte ihn zu einem Dreieck.

3

Klebe die Enden mit etwas Klebeband zusammen. Wiederhole das mit allen anderen Streifen, bis Du 9 Dreiecke hast.

4

Nun kannst Du mit den Blöcken bauen. Lege zuerst 3 weiße Dreiecksblöcke nebeneinander.

Top-Tipp! Wenn Ihre Architektinnen und Baumeister noch sehr klein sind, können Sie die Papierstreifen schon vorher ausschneiden und falten!

5

Lege darauf 2 Dreiecksblöcke mit der Spitze nach unten.

6

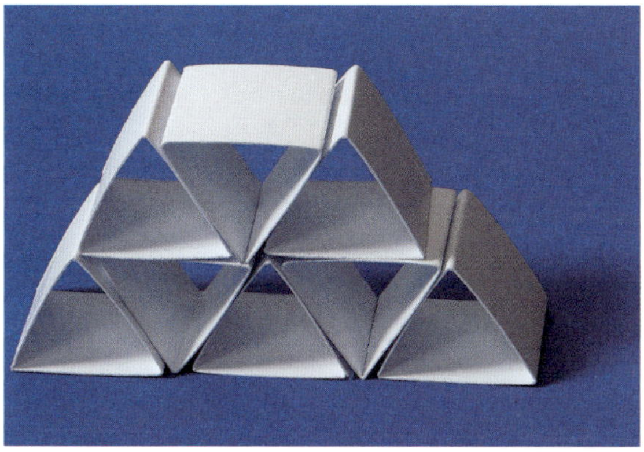

Stapele nun 2 Dreiecksblöcke auf die erste Ebene. Darauf folgt ein Dreiecksblock mit der Spitze nach unten.

7

Lege schließlich den goldenen Block oben drauf.

Was noch?

Nicht nur in Ägypten wurden Pyramiden gebaut! Baue eine Mini-Pyramide im Stil der Maya. Du brauchst 55 Stück Würfelzucker. Lege eine quadratische Basis aus 5 x 5 Würfeln. Für die nächste Schicht legst Du ein Quadrat aus 4 x 4 Würfeln mittig auf die Grundfläche, danach 3 x 3 Würfel, dann 2 x 2 und schließlich den letzten Zuckerwürfel oben drauf!

Marmor-Labyrinth

Das Labyrinth des Theseus

schau an!

Theseusmosaik aus einer Römischen Villa, Österreich, ca. 300 n. Chr.

Dieses erstaunliche Muster bedeckte einst den Boden einer römischen Villa. Ist es ein Teppich? Nein, es ist ein Mosaik aus winzigen farbigen Steinchen. Es zeigt das Labyrinth, einen legendären Irrgarten aus der griechischen Mythologie. Kannst Du Dir vorstellen, Dich darin zu verirren? Oder noch schlimmer, dort einem Monster zu begegnen?

überleg mal!

Siehst Du den Helden in der Mitte? Sein Name ist Theseus, er hat gerade den Minotaurus getötet, ein gruseliges Monster, halb Mensch, halb Bulle.

- Findest Du den Eingang zum Labyrinth? Und den Ausgang?
- Was meinst Du, wer im Labyrinth gefangen ist? Theseus oder der Minotaurus?
- Woraus könnte ein Labyrinth bestehen? Aus Mauern? Hecken? Woraus noch?

probier's aus!

Baue Dein eigenes Labyrinth. Schaffst Du es, eine Murmel bis zum Ausgang zu steuern?

Du brauchst:

- Deckel von einem Schuhkarton
- Farbe
- Schale für Farbe
- Pinsel
- Papp-Strohhalme (verschiedene Längen)
- Schere
- Holzperlen (optional)
- Eine Murmel
- Bastelkleber
- Pinsel oder Rakel
- Schale für Kleber

Bemale den Deckel mit einer Farbe Deiner Wahl und lass ihn trocknen.

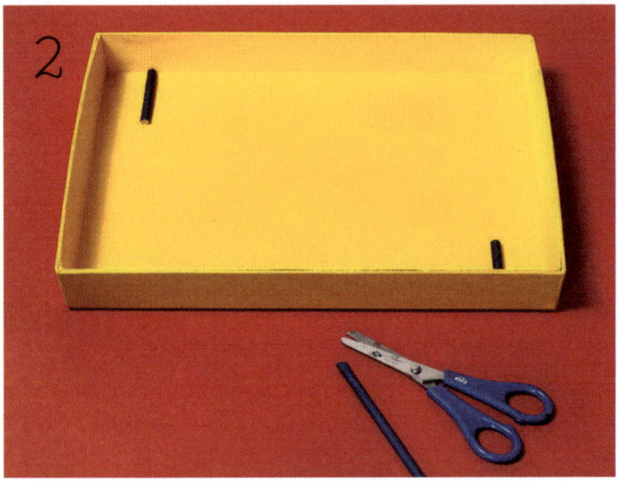

Platziere ein kurzes Stück Strohhalm oben links im Deckel, um den Eingang des Labyrinths zu markieren. Lege ein weiteres unten rechts hin, das ist der Ausgang des Labyrinths.

3

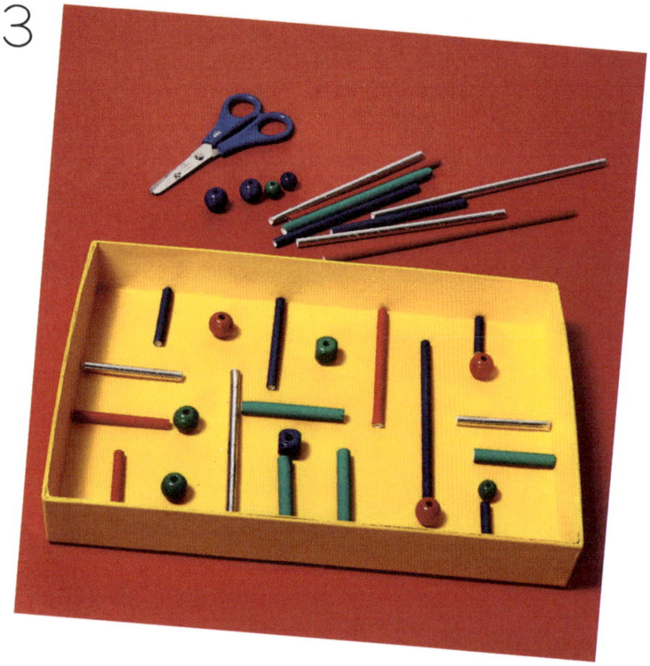

Platziere weitere Stücke der Strohhalme im Deckel und probiere verschiedene Anordnungen aus. Mit Holzperlen kannst Du Pfade blockieren oder die Schwierigkeit erhöhen.

Teste Dein Labyrinth mit einer Murmel. Achte darauf, ob sie es durch den Pfad schafft. Passe die Positionen der Röhrchen an.

Top-Tipp! Beginne mit einem einfachen Labyrinth mit wenigen Elementen, das Du dann schrittweise erweitern kannst.

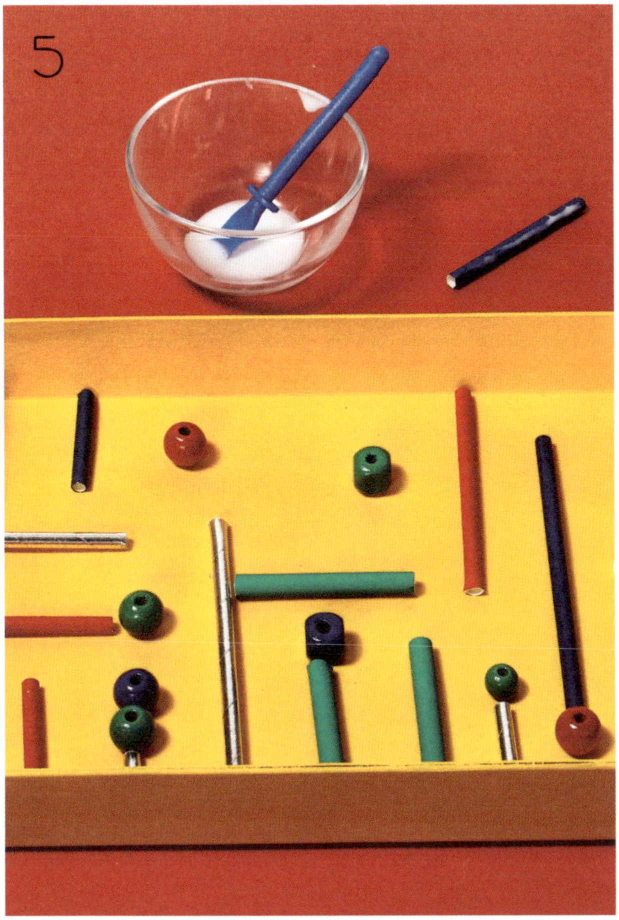

Wenn Du mit Deinem Design zufrieden bist, befestige die Röhrchen und Perlen mit Kleber auf dem Deckel.

Wenn der Kleber getrocknet ist, kannst Du spielen!

Was noch?

Wie wäre es mit einem Labyrinth aus Knete? Nimm einen kleinen Klumpen Knetmasse und rolle ihn in die Form einer Schlange. Wiederhole den Vorgang, bis Du 12 bis 15 Schlangen in verschiedenen Größen und Farben hast. Anschließend formst Du kleine Kugeln. Lege die Schlangen und Kugeln in den Deckel und drücke sie leicht an. Schon hast Du ein neues Labyrinth zum Spielen!

Leuchtendes Iglu

Traditionelle Behausung der Inuit

Schau mal!

Traditionelles Inuit-Iglu, Nordamerika

Nicht alle Häuser haben gerade Wände! Sieh dir dieses gewölbte Haus aus Blöcken aus verdichtetem Schnee an. Man nennt es Iglu. Iglus sind die traditionellen Behausungen der Inuit in der zentralen Arktis Kanadas und im Qaanaaq-Gebiet in Grönland. Noch heute werden sie als vorübergehende Unterkünfte im Winter genutzt.

Überleg mal!

Die Wände eines Iglus neigen sich nach innen und bilden eine Kuppel.

- Fallen Dir andere Bauwerke mit einer Kuppel ein? Ein Planetarium zum Beispiel?
- In einem Iglu kann es überraschend warm sein. Der dichte Schnee schützt vor kaltem Wind und hält die Körperwärme der Menschen im Inneren.
- Manchmal hat ein Iglu mehrere Räume, die durch Tunnel miteinander verbunden sind, um viele Personen unterzubringen. Mit wem würdest Du gerne ein Iglu teilen?

probier's aus!

Stelle aus transparentem Papier ein leuchtendes Iglu her.

Du brauchst:

- Transparentpapier (3 A4-Blätter)
- Schere
- Luftballon
- Runde Schüssel (z. B. Müslischüssel)
- Klebeband
- Marker
- Bastelkleber
- Wasser
- Schüssel für Kleber
- Schwammpinsel
- Kleines Marmeladenglas
- Frischhaltefolie
- LED-Teelicht

1

Schneide das Transparentpapier in Streifen.

2

Blase den Ballon auf und lege ihn in die Schüssel. Klebe ihn mit Tape an den Seiten fest, damit er nicht verrutscht. Zeichne mit dem Marker eine Linie auf der Mitte des Ballons.

3

Mische Wasser und Kleber in einer Schale, bis er etwa so dick ist wie Eierkuchenteig. Trage mit dem Schwammpinsel eine dünne Schicht Kleber auf die Transparentpapierstreifen. Klebe sie dann auf den Ballon.

4

Klebe so lange Streifen auf, bis der Ballon bis zu der Linie vollständig bedeckt ist. Das kann etwas dauern, dazu brauchst Du etwas Geduld!

Top-Tipp! Trage nicht zu viel Kleber auf die Streifen auf, sonst zerknittern sie. Mit maximal zwei Schichten trocknen sie schneller.

5

Wickle das Marmeladenglas in Frischhaltefolie ein. Klebe auch hier Streifen aus Transparentpapier auf, um den Tunnel zu basteln. Lass dies und den Ballon vollständig trocknen (am besten über Nacht):

6

Wenn alles trocken ist, lass vorsichtig die Luft aus dem Ballon. Übrig bleiben das Papieriglu und der Tunnel. Schneide überstehendes Papier an den Kanten ab.

7

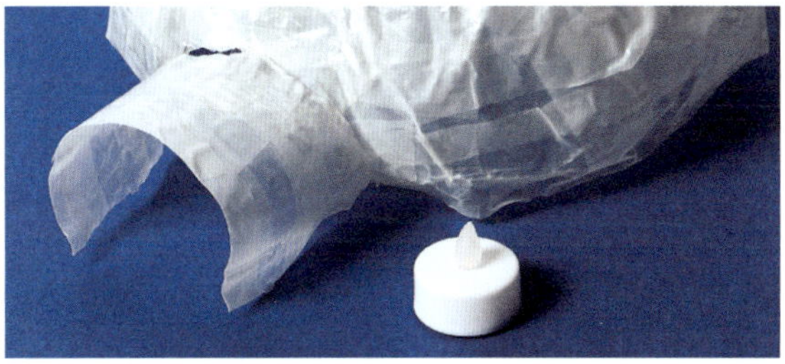

Befestige den Tunnel mit Klebeband am Iglu. Schneide dann einen Durchgang hinter dem Tunnel. Stelle das LED-Teelicht in das Iglu, damit es abends leuchtet.

Was noch?

Gestalte eine Kulisse für Dein Iglu mit Kaffeefilter-Schneeflocken. Bemale zunächst runde Kaffeefilter mit Wasserfarben. Sobald sie getrocknet sind, faltest Du jeden Filter dreimal zu Dreiecken. Schneide an jeder Seite kleine Schlitze und Dreiecke aus. Öffne die Schneeflocken vorsichtig!

Tipi-Versteck

Tipi der Blackfoot

schau mal!

Blackfoot-Tipi, Buffalo Lodge auf der Ranch Little Badger, Montana, USA, 1936

Dieses besondere Zelt wird Tipi genannt. Es war das traditionelle Zuhause der indigenen Völker der Great Plains in Nordamerika. Siehst Du die langen Stangen, die an der Spitze herausragen? Sie bilden den Rahmen des Tipis, das dann mit gegerbter Büffelhaut (oder später mit Segeltuch) bespannt wurde, wodurch es in weniger als 30 Minuten aufgebaut ist.

überleg mal!

Manche indigene Völker, z. B. die Blackfoot und die Iowa, bemalten ihre Tipis mit wunderbaren Designs. Jedes hatte eine eigene Geschichte und eine spezielle Bedeutung.

- Die Muster am unteren und oberen Rand standen meist für Erde und Himmel. Mit welchen Formen würdest Du einen Berg darstellen?
- In der Mitte wurden häufig wilde Tiere gezeigt. Welches Tier zeichnest Du am liebsten?
- Tipis wurden so positioniert, dass der Eingang der aufgehenden Sonne zugewandt ist. In welche Richtung zeigt Deine Haustür?

probier's aus!

Bastele Dein eigenes Mini-Tipi aus braunem Papier und Stöckchen.

Du brauchst:

- Braunes Papier (Packpapier, auch eine Einkaufstüte funktioniert)
- Schere
- Öl-Pastellstifte oder Buntstifte
- Klebestift
- 3 Stöckchen, etwa 15 cm lang
- Gummiband
- Klebeband
- Rotes Seidenpapier und kleine Steine (optional)

1

Schneide einen Halbkreis (etwa 20 cm Durchmesser) aus braunem Papier aus. Lass Dir dabei helfen. Dies wird Deine Büffelhaut sein. Schneide dann einen kleinen Halbkreis in die Mitte der geraden Kante.

2

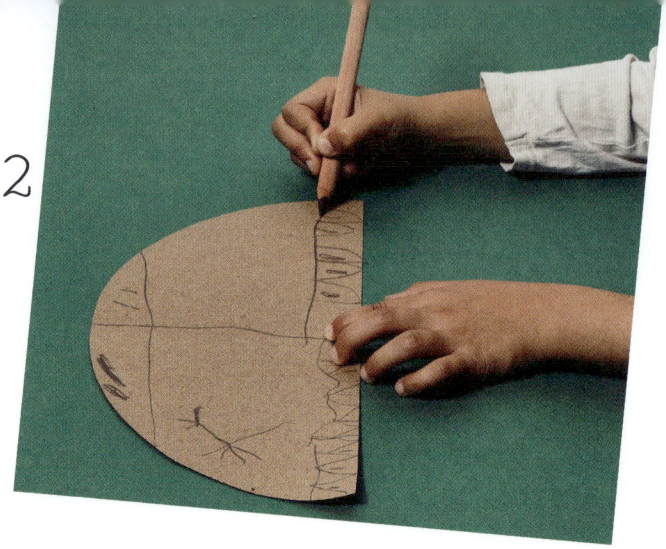

Mit Ölpastell- oder Buntstiften kannst Du das Papier dekorieren. Zeichne wiederholte Muster am unteren Rand, um die Erde darzustellen, und Symbole am oberen für den Himmel.

3

Zeichne in den Mittelteil Tiere, wie es sie auf den Great Plains gibt, z. B. Adler, Bison oder Kojoten.

4

Forme den Halbkreis zu einer Pyramide. Klebe dazu die Seiten aufeinander.

Bonus! Bastele ein Mini-Lagerfeuer. Forme aus kleinen Steinen einen Ring und fülle ihn mit roten Schnipseln aus Seidenpapier als Feuer.

5

Schneide mit der Schere einen Schlitz für den Eingang und falte die Ecken zurück.

6

Binde die 3 Stöckchen an einem Ende mit dem Gummi zusammen.

7

Stecke die Stöckchen mit dem Gummiband-Ende nach oben in die Pyramide. Breite die Beine unten bis an die Wände des Tipis aus.

Was noch?

Wenn Du in einem Tipi wohnst, bist Du immer von der Natur umgeben. Warum nicht mal ein eigenes Naturversteck im Wald bauen? Suche Dir einen Baum mit einer niedrigen Astgabel. Sammle dann lange Äste und stütze sie so, dass sie sich von der Astgabel in Form eines Tipis ausbreiten. Lege weitere Stöcke darauf, um einen Unterschlupf zu errichten, und lass Platz, damit Du hineingehen kannst. Spanne ein altes Bettlaken darum, damit es wie ein Tipi aussieht.

Mittelalterliche Festung

Castelo do Almourol

schau mal!

Castelo do Almourol, Portugal, ca. 1100 n. Chr.

Mit seinen Steintürmen und Zinnen ist das Castelo do Almourol ein perfektes Beispiel für eine mittelalterliche Burg. Sie liegt auf einer kleinen Felseninsel inmitten des Flusses Tejo in Portugal. Kein Wunder, dass sie von den Tempelrittern als Festung genutzt wurde.

überleg mal!

Der größte Teil der heutigen Burg wurde im 12. Jahrhundert erbaut, aber Teile wurden im Laufe der Jahre umgebaut. Es wurden jedoch einige Fundamente entdeckt, die bis in die Römerzeit zurückreichen!

- Warum war es eine gute Idee, eine Burg auf einem Hügel zu bauen, umgeben von Wasser?
- Die kleinen Fenster in den Mauern nennt man Schießscharten. Wozu sind sie da?
- Kennst Du weitere Bauwerke, die im Laufe der Geschichte von verschiedenen Völkern genutzt wurden?

probier's aus!

Bastle Deine eigene Burg aus altem Karton und Röhren von Küchenrollen.

Du brauchst:

- 2 Innenröhren von Küchenrollen
- Schere
- Braunen Buntstift
- Pappkarton (etwas schmaler als die Röhren)
- Bastelkleber
- Schale für Kleber
- Pinsel für Kleber
- Weitere Pappe oder Karton
- Blaues Papier

1

Halbiere beide Röhren der Länge nach, um die 4 Ecktürme für Deine Burg zu bauen.

2

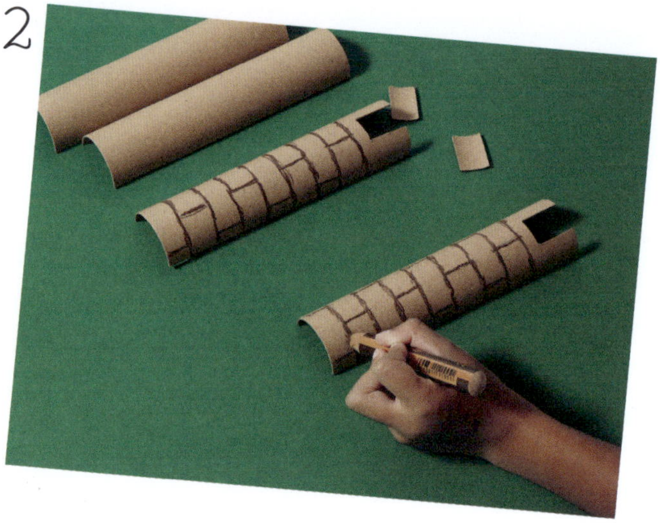

Zeichne mit dem braunen Stift ein Mauer-Muster auf die Türme. Schneide kleine Quadrate am oberen Rand für die Zinnen aus.

3

Wiederhole den Schritt außen an Deinem Karton. Schneide die Zinnen in regelmäßigen Abständen an den oberen Rändern ein.

4

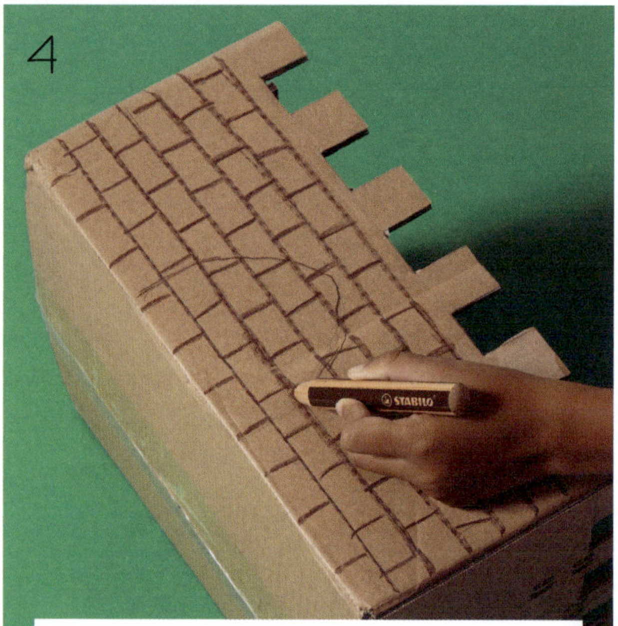

Zeichne ein großes Tor in die Vorderseite des Kartons und lass Dir beim Ausschneiden helfen.

Top-Tipp! Schneide das Tor am unteren Rand nicht ab. Lass die Klappe dran, das wird Deine Zugbrücke!

5

Klebe an jeder Ecke einen Turm an.

6

Lass Dir dabei helfen, die schmalen Schießscharten einzuschneiden.

7

Werde kreativ und baue die Burg mit zusätzlichen Details wie weiteren Türmen, Balkonen und Leitern aus Pappe und Kartons aus. Bastle einen Wassergraben aus blauem Papier und platziere Deine Burg darauf, um sie gegenüber Eindringlingen zu verteidigen!

Was noch?

Bastle Dein eigenes mittelalterliches Schild. Zeichne eine Schildform auf ein Stück Pappe und schneide sie aus. Zeichne ein Muster für Dein Wappen in die Mitte des Schildes. Tiere eignen sich gut! Male es in den Farben Deiner Wahl an und füge ein Muster oder eine Umrandung auf dem Hintergrund hinzu. Sobald es getrocknet ist, kannst Du mit den Enden eines gebogenen Pappstreifens einen Griff an der Rückseite ankleben.

Zen-Garten

Ryōan-ji Trockener Landschaftsgarten

Schau mal!

Der Zen-Garten Kare-sansui im Tempel Ryōan-ji, Kyoto, Japan, späte 1400er-Jahre

In Gärten geht es nicht nur um Pflanzen! In diesem Zen-Tempelgarten in Kyoto in Japan sind große Felsen zwischen weißem Kies angeordnet. Die Mönche harken den Kies jeden Tag sorgfältig, um sich zu konzentrieren und zu meditieren. Das einzige Grün in diesem Garten ist etwas Moos um die Steine herum.

Überleg mal!

Niemand weiß genau, warum die Felsen dort platziert wurden, wo sie sind. Manche sagen, sie sehen aus wie Inseln in einem Ozean oder wie die Gipfel von Bergen. Andere sehen darin eine Tigerfamilie, die einen Fluss überquert. Was siehst Du?

- Schau Dir die Muster an, die in den Kies geharkt wurden. Woran erinnern sie Dich?
- Meditation ist eine Übung, um Geist und Körper zu beruhigen. Was beruhigt Dich? Eine bestimmte Farbe? Oder das Rauschen von Wasser?
- Sammelst Du gern Steine am Strand oder Flussufer?

probier's aus!

Gestalte einen Mini-Zen-Garten, neben dem Du meditieren kannst.

Du brauchst:

- Eine flache Schale oder Holztablett
- Sand
- Kleine Steine oder Kiesel (die kannst Du draußen sammeln)
- Eine Gabel (als Rechen)
- Grünzeug, z. B. Zweige oder Moos (optional)

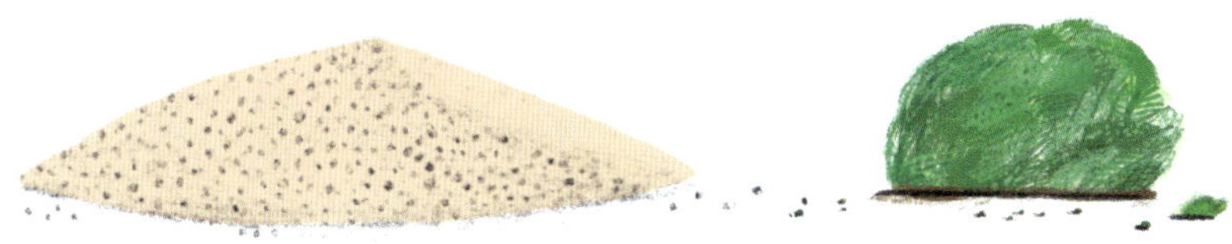

1

Bringe eine flache Ebene Sand auf Deinem Tablett auf.

2

Glätte ihn mit den Händen.

3

Positioniere die Steine auf dem Sand. Du kannst einen Pfad legen oder sie beliebig verteilen. Mach es so, dass es sich für Dich gut anfühlt.

4

Du kannst auch zusätzliche Dinge verwenden, z. B. Moos, Zweige oder Blätter, aus denen sich Bäume gestalten lassen.

Top-Tipp! Zen-Gärten sind friedliche Orte, wir empfehlen deshalb, Kurven und Kreise in den Sand zu zeichnen, die als beruhigende Formen gelten.

Harke dann mit der Gabel Muster in den Sand.
Versuche, kleine Wellen um die Steine zu ziehen.

Was noch?

In Japan werden Torii-Tore häufig verwendet, um den Eingang zu heiligen Orten wie Shinto-Schreinen und gelegentlich buddhistischen Tempeln zu markieren. Sie sind mit Zinnoberrot bemalt, einer leuchtend roten Farbe, die in der japanischen Kultur für Weisheit steht. Bastle eine Mini-Version, indem Du Eisstiele zusammenklebst und sie rot anmalst. Platziere Dein Tor im Sand am Eingang Deines Zen-Gartens.

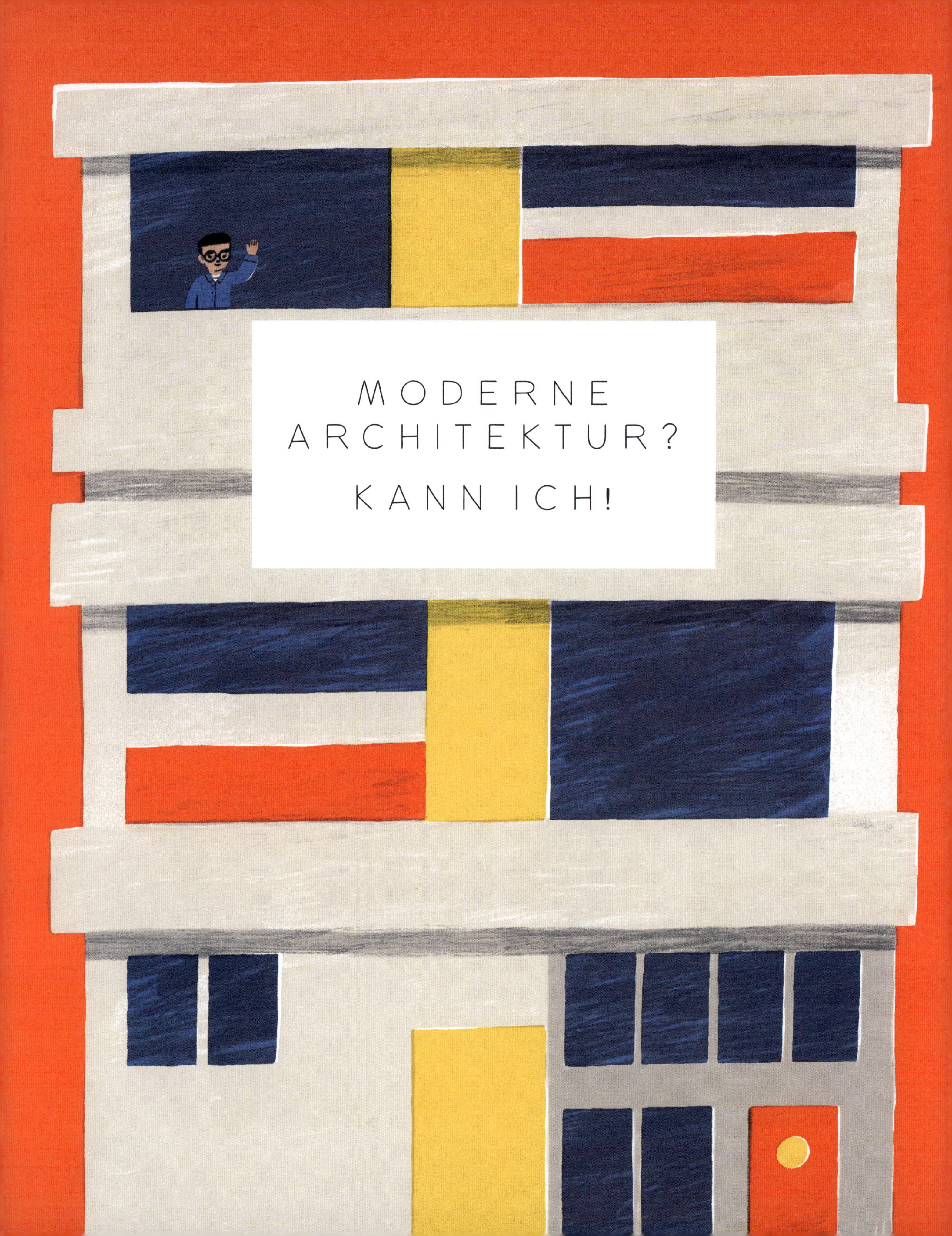

MODERNE ARCHITEKTUR? KANN ICH!

Seit Ende des 19. Jahrhunderts ermöglichten Eisen und Stahl sowie die Weiterentwicklung von Maschinen Architekten und Ingenieuren, wie Antoni Gaudí und Gustave Eiffel, stabilere, höhere und leichtere Gebäude als je zuvor zu bauen. Das Ergebnis sind einige der berühmtesten Bauwerke der Welt, wie die Sagrada Família in Barcelona und der Eiffelturm in Paris. Etwa zur gleichen Zeit entstanden in den USA die ersten Wolkenkratzer. Im 20. Jahrhundert feierten moderne Architekten Gebäude, die praktisch und schmucklos waren - ein Stil, den wir heute als »Minimalismus« bezeichnen. Moderne Architekten wie Le Corbusier schufen geometrische Gebäude aus Stahlbeton, während Charles und Ray Eames große Glasscheiben verwendeten, um ihr Haus leicht und durchsichtig zu machen. Nicht nur Mini-Architekten experimentieren mit neuen Materialien! Sei ein moderner Baumeister oder eine moderne Architektin und baue einen von Gaudí inspirierten Tempel, einen Mini-Eiffelturm, Deine eigene Version der Skyline von Manhattan, ein Traumhaus in Modulbauweise, einen brutalistischen Wohnblock, ein schwimmendes Opernhaus ... und sogar einen Monsterspielplatz!

Spaghetti-Tempel

Sagrada Família

Schau mal!

Antoni Gaudí, *Sagrada Família*, Barcelona, Spanien, 1882-2026

Es ist keine Überraschung, dass die Sagrada Família in Barcelona jedes Jahr von 3 Millionen Menschen besucht wird. Sie wurde von Antoni Gaudí entworfen und ist eines der ehrgeizigsten und meistbesprochenen Architekturprojekte aller Zeiten! Die Kathedrale hat 18 Türme und ist mit vielen bedeutungsvollen Details bestückt, mit denen Geschichten verbunden sind.

Überleg mal!

Mit dem Bau der Sagrada Família wurde vor über 140 Jahren, im Jahr 1882, begonnen, und sie soll erst 2026 fertiggestellt werden!

- Was ist das längste Projekt, an dem Du mal gearbeitet hast?
- Erkennst Du, dass Gaudí von der Natur inspiriert war? Die Säulen sehen aus wie Bäume!
- Die Baumeister errichteten für ihre Kinder eine Schule in der Kathedrale. Würdest Du gerne in einem solchen Gebäude zur Schule gehen?

probier's aus!

Baue einen verrückten Turm, inspiriert von der Sagrada Família, aus Spaghetti und Marshmallows.

Du brauchst:

- 11 normal große Marshmallows
- 7 Mini-Marshmallows
- 10 trockene Spaghetti (am besten ein paar mehr als Ersatz, falls welche zerbrechen)

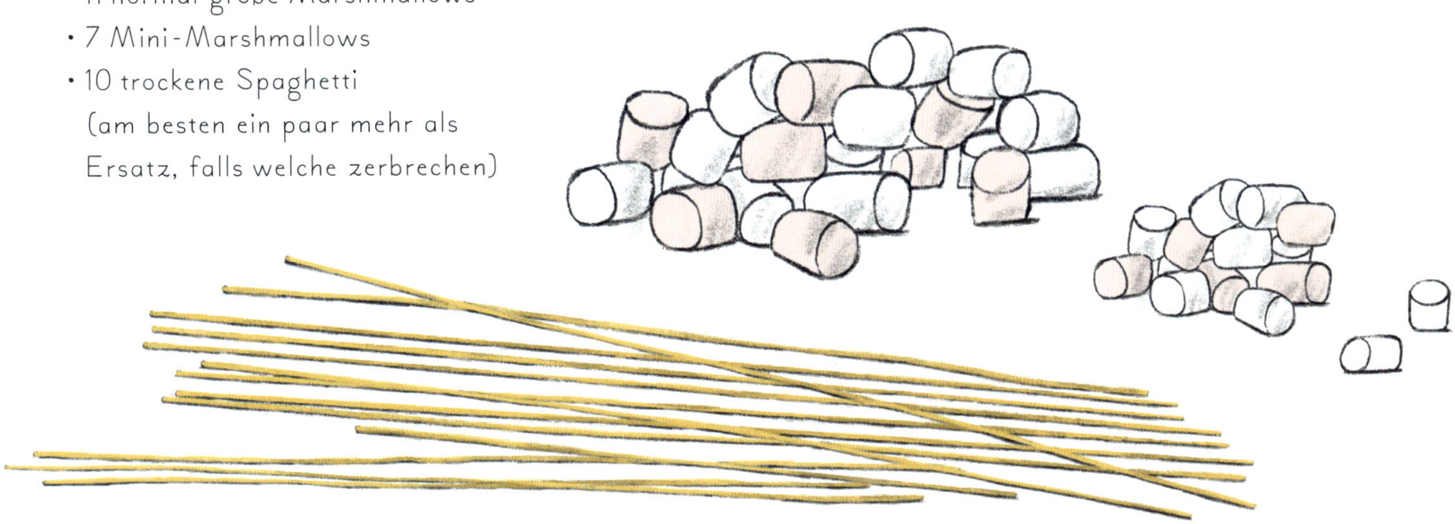

1

Brich 3 Spaghetti, sodass Du 12 gleich lange Stücke erhältst. Stecke mit 6 von ihnen 6 Marshmallows zu einem Ring zusammen.

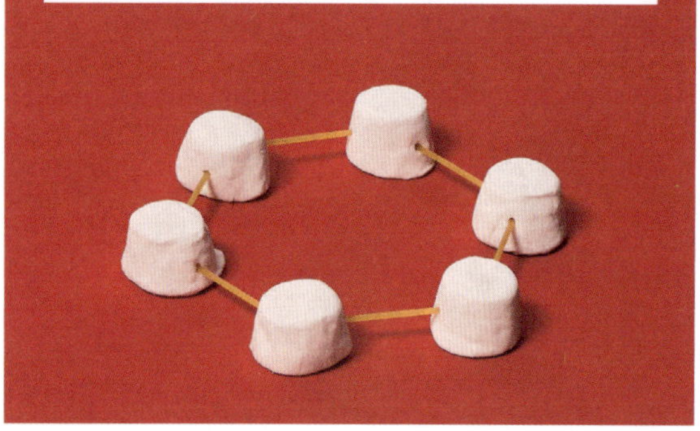

2

Lege einen Marshmallow in die Mitte und verbinde ihn mithilfe der andern Spaghetti mit den äußeren Marshmallows.

3

Stecke in jeden äußeren Marshmallow ein halbes Spaghetti aufrecht hinein. Stecke 3 weitere in den mittleren wie in der Abbildung.

4

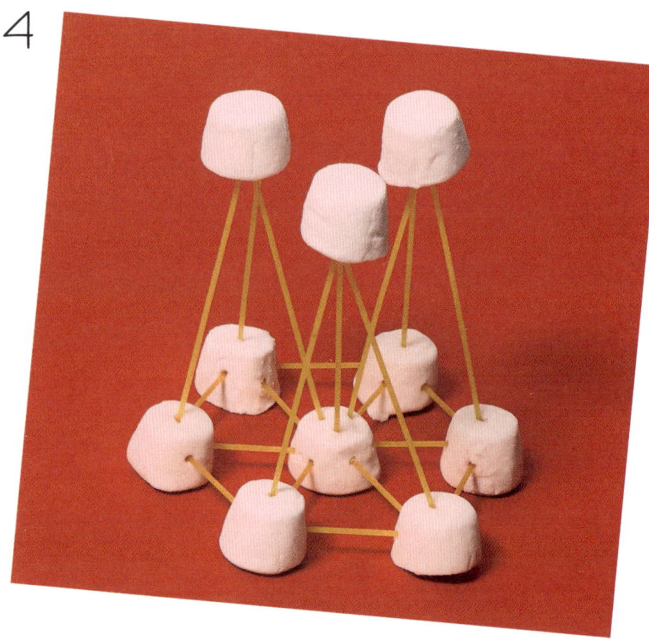

Ziehe ein Spaghetti aus der Mitte und zwei von den äußeren zu einer Pyramidenform zusammen und stecke einen Marshmallow darauf. Wiederhole das mit den übrigen Spaghetti und Marshmallows.

Top-Tipp! Stecke die Spaghetti tief genug in die Marshmallows, aber ohne sie zu durchstechen. Nur so weit, dass sie fest sitzen.

5

Stecke je ein halbes Spaghetti in die drei zuletzt hinzugefügten Marshmallows und ziehe die Enden in einem Punkt zusammen. Dort steckst Du einen weiteren Marshmallow auf.

6

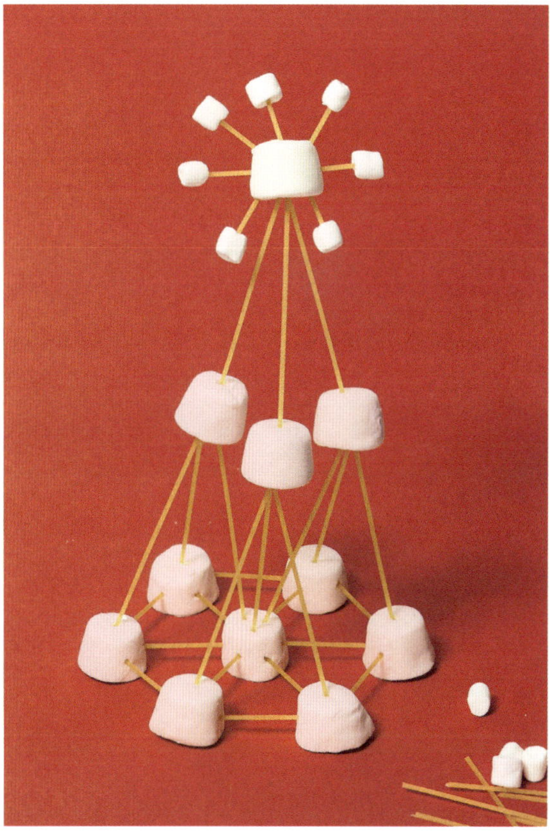

Brich 7 kurze Spaghetti-Stücke ab und stecke sie in Sternenform in den obersten Marshmallow. Verziere jedes Ende mit einem Mini-Marshmallow.

Was noch?

Stelle mit den restlichen Spaghetti und farbigen Strohhalmen bunte Türme her. Stecke die Spaghetti aufrecht in Knete, schneide dann die Strohhalme in kurze Stücke und stecke sie auf die Spaghetti.

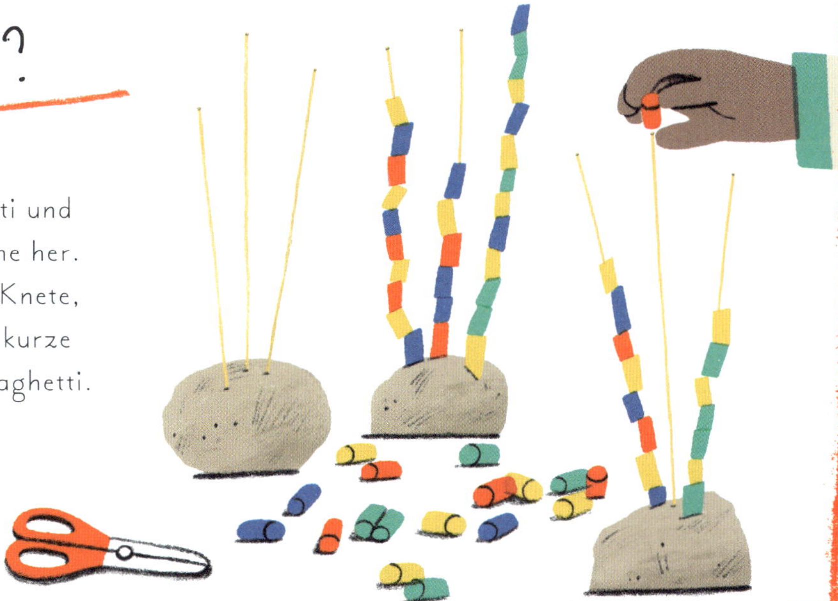

Strohhalm-Turm

Eiffelturm

schau mal!

Gustave Eiffel, *Eiffelturm*, Paris, Frankreich, 1889

Erkennst Du dieses Gebäude? Der Eiffelturm in Paris ist eines der berühmtesten Gebäude der Welt. Er wurde 1889 erbaut und sollte eigentlich nur ein Provisorium sein, aber er durfte bleiben, auch weil er ein guter Platz für einen Radiosender war! Stahl ist viel stabiler als Stein oder Ziegel, aber er rostet auch, wenn er nass wird. Der gesamte Turm muss alle sieben Jahre neu gestrichen werden. Ganz schön viel Arbeit!

überleg mal!

Der Eiffelturm ist über 300 Meter hoch, fast doppelt so hoch wie der Kölner Dom und etwa 30 Mal so hoch wie ein Einfamilienhaus.

- Der Eiffelturm hat eine Treppe mit 1665 Stufen. Warst Du schon einmal in einem Gebäude mit einer langen Treppe? Wieviele Stufen konntest Du zählen?
- Türme sind tolle Aussichtspunkte. Was würdest Du sehen, wenn Du in Deiner Nachbarschaft einen Turm bauen würdest?
- Kennst Du noch ein hohes Bauwerk aus Metall? Und andere Dinge? Z. B. Eisenbahnschienen?

probier's aus!

Bastele Deinen eigenen Mini-Eiffelturm aus Strohhalmen.

Du brauchst:

- 15 Papierstrohhalme
- Farbe
- Schüssel für Farbe
- Pinsel
- 20 Pfeifenreiniger (etwa 5 cm lang)
- Schere
- Washi-Tape

1

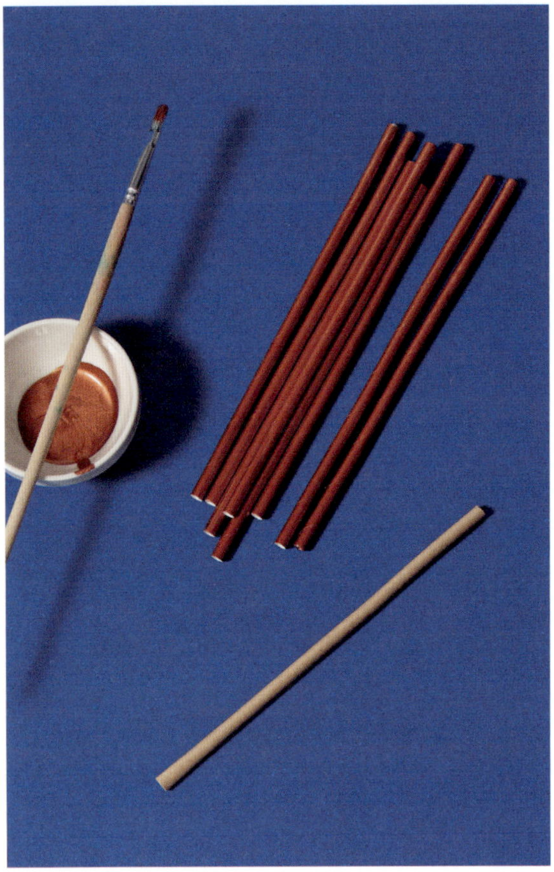

Male die Strohhalme in der Farbe Deiner Wahl an und lasse sie trocknen.

2

Verbinde 2 Strohhalme, indem Du ein Stück Pfeifenreiniger in einen rechten Winkel biegst und die Enden in die Röhrchen steckst.

3

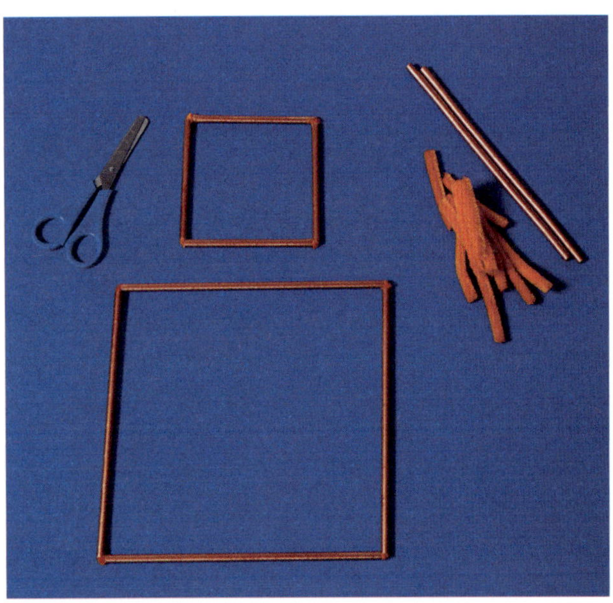

Wiederhole den letzten Schritt, um ein Quadrat aus Strohhalmen herzustellen. Halbiere dann 2 Strohhalme, um ein kleineres Quadrat zu basteln.

4

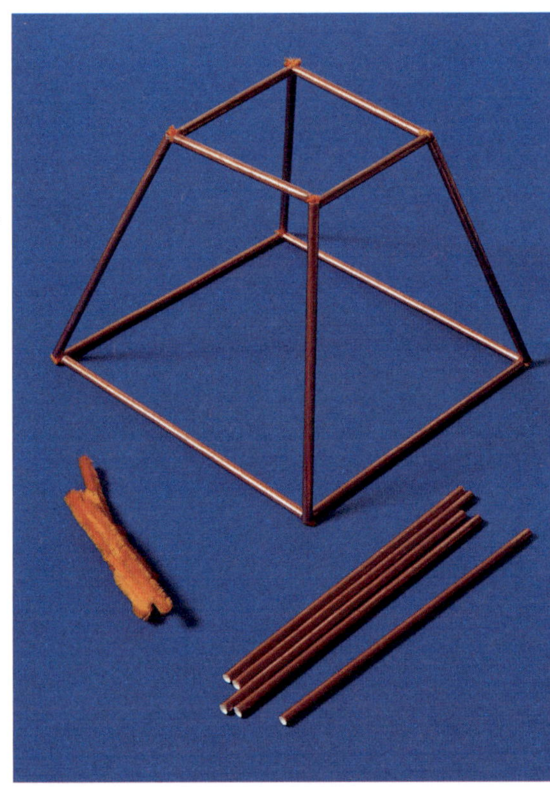

Verbinde die beiden Quadrate an den Ecken mithilfe von 4 weiteren Strohhalmen und Pfeifenreinigern.

5

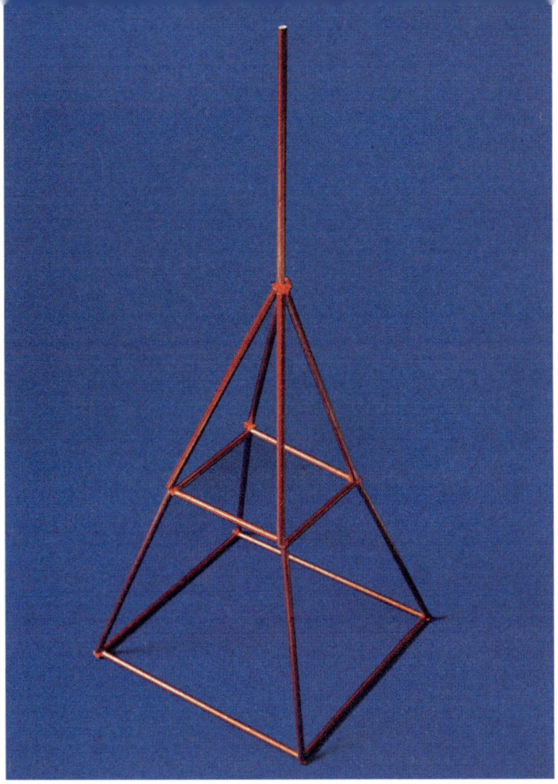

Füge an den Ecken 4 weitere Strohhalme aufrecht an. Stecke auch hier Stücke von Pfeifenreiniger in die bereits vorhandenen Strohhalme und in die Enden der neuen. Nimm einen weiteren für die Spitze.

6

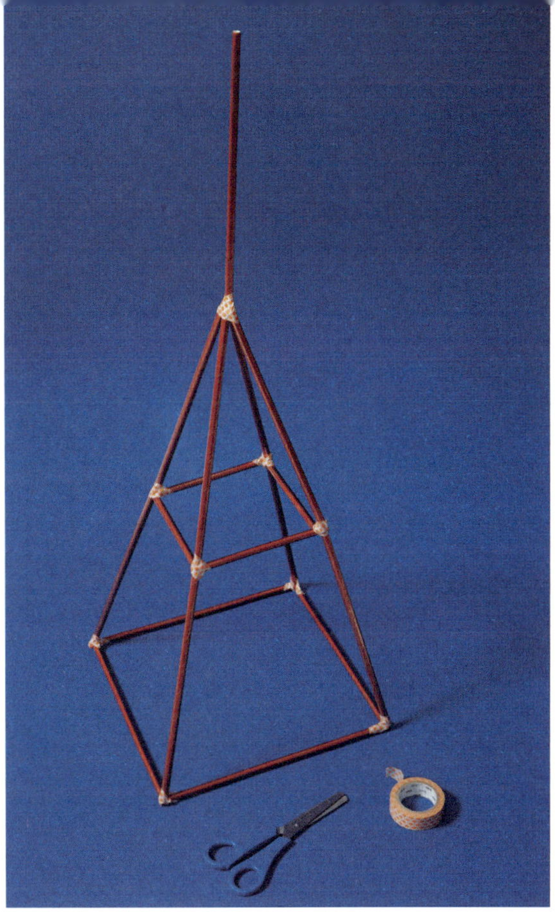

Sichere alle Gelenke mit Washi-Tape.

Top-Tipp! Indem Du das Washi-Tape um die Gelenke wickelst, verstärkst Du die Konstruktion Deines Turms. Er ist stabiler.

Was noch?

Du kannst auch einen Turm aus Würfeln bauen. Bastele zwei Würfel und stapele sie. Wiederhole das und schau, wie hoch Du kommst. Du könntest den höchsten Strohhalm-Turm der Welt bauen! Probiere ruhig auch andere Grundformen aus, z. B. ein Sechseck oder ein Achteck.

Wolkenkratzer

Skyline von New York

schau mal!

Blick auf Manhattan, New York, USA

New York ist berühmt für seine Wolkenkratzer. Mehr als 7.000 Gebäude in der Stadt sind mindestens 35 Meter hoch (300 davon sogar über 150 Meter!). Sie sind vor allem im Stadtteil Manhattan zu finden.

überleg mal!

Einer der Vorteile, wenn man in einem Hochhaus wohnt, ist die zentrale Lage - in der Nähe der Schule, der öffentlichen Verkehrsmittel und des Stadtlebens, ganz zu schweigen von der Aussicht!

- Siehst Du den Hudson River? Und das legendäre Empire State Building?
- Wusstest Du, dass die ältesten Wolkenkratzer bereits über 100 Jahre alt sind? Sehen sie nicht modern aus?
- Was wäre das Beste, wenn Du im 50. Stock leben könntest? Kannst Du Dir den Ausblick vorstellen?

probier's aus!

Baue Dein eigenes Mini-Manhattan – aus Kartons.

Du brauchst:

- Benutzte Pappkartons (verschiedene Größen)
- Farbiges Papier
- Weißes Papier
- Schere
- Schwarzer Filzstift
- Klebestift

1

Sammle so viele Pappschachteln verschiedener Größen, wie Du kannst! Wir empfehlen mindestens 12. Stapele Deine Kartons, um mehrere Wolkenkratzer zu bauen.

2

Schneide farbiges Papier so zu, dass es die Seiten der Schachteln bedeckt, und klebe es fest. Verwende für jeden Wolkenkratzer eine Farbe.

3

Schneide Rechtecke aus Papier für die Fenster aus. Vielleicht möchtest Du verschiedene Größen und Formen für unterschiedliche Gebäude ausschneiden.

4

Zeichne mit einem schwarzen Filzstift die Konturen Deiner Fenster nach. Diese stellen die Fensterrahmen dar!

Top-Tipp! Mit einem schwarzen Filzstift kannst Du weitere Details hinzufügen. Wie wäre es mit Balkons oder einem Uhrenturm?

5

Ordne die Fenster an Deinen Gebäuden in einem Raster an und klebe sie fest. Du kannst auch einige Gebäude ohne Fenster lassen.

6

Stapele die Wolkenkratzer und ordne sie zu Deiner eigenen Skyline an.

Was noch?

Wie wäre es mit einer Pop-up-Skyline-Karte? Falte ein Stück dickes Papier oder Karton zur Hälfte. Schneide 3 Schlitzpaare entlang der gefalteten Kante, sodass 3 Laschen entstehen. Die Laschen können unterschiedlich lang und breit sein. Öffne die Karte und falte die eingeschnittenen Laschen nach innen, sodass sie zu 3 Wolkenkratzern aufklappen. Zeichne Details auf die Gebäude und die Umgebung.

Baukarten

Eames House

schau mal!

Charles und Ray Eames, *Eames House*, Santa Monica, USA, 1949

Charles und Ray Eames entwarfen und bauten dieses Haus in Kalifornien im Jahr 1949, um darin zu leben und zu arbeiten. Es wurde aus vorgefertigten Blöcken entworfen, die in einem modularen Raster angeordnet waren. »Modular« bedeutet, dass jedes Teil die gleiche Grundform hat und verschiedene Elemente hinzugefügt und verschoben werden können. Diese Art des Bauens ist einfach und nicht zu teuer.

überleg mal!

Schau Dir die Außenseite des Hauses an. Ein Stahlgitter mit Glasfenstern und Paneelen in verschiedenen Farben. Es sieht ein bisschen aus wie ein riesiger Zauberwürfel.

- Stell Dir ein Haus vor, das Du so verändern kannst, wie es Dir gefällt. Wie würdest Du Dein eigenes Haus zum Lesehaus umgestalten? Oder ein Haus zum Schlafen? Oder ein Haus zum Spielen?
- Wie würde Dein Traumhaus aussehen?
- Würdest Du an einem sonnigen Tag gern das Dach Deines Hauses abnehmen können?

probier's aus!

Erstelle Deine eigenen Baukarten und baue damit Dein Traumhaus.

Du brauchst:

- Dicke Pappe
- Lineal
- Bleistift
- Schere
- Farbe (am besten Acrylfabe)
- Mehrere Farbtöpfchen
- Pinsel

1

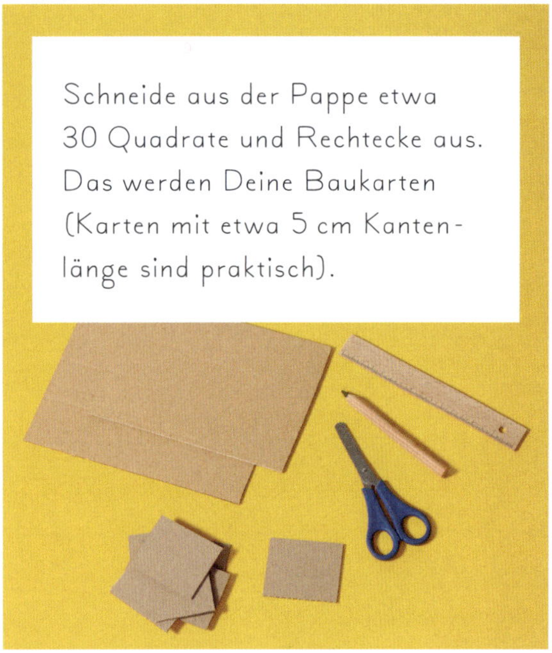

Schneide aus der Pappe etwa 30 Quadrate und Rechtecke aus. Das werden Deine Baukarten (Karten mit etwa 5 cm Kantenlänge sind praktisch).

2

Schneide sehr schmale V-förmige Schlitze in die Seiten oder Ecken jeder Karte. Jeder Schlitz sollte ca. 1 cm lang sein.

3

Bemale die Karten in den Farben des Eames House: schwarz, weiß, gelb, rot und blau. Verwende wenn möglich Acrylfarbe, damit wird der Karton härter und reißt nicht so leicht. Lass die Farbe vollständig trocknen.

4

Stecke eine Karte in eine andere. Baue weiter, bis Dein Traumhaus fertig ist. Gestalte es um und verändere es nach Belieben.

Top-Tipp! Die Schlitze sollten nie weiter als bis zur Mitte der Karte reichen.

5

Mit Deinem neuen Baukarten-Set hast Du viele Möglichkeiten. Versuche doch mal, einen Bungalow oder ein Hochhaus zu bauen!

Was noch?

Statt rechteckige oder quadratische Karten zu basteln, kannst Du auch andere Formen ausprobieren, Kreise und Dreiecke zum Beispiel. Füge außerdem einfache Muster wie Streifen oder Punkte hinzu, wenn Du sie anmalst.

Hochhaus-Kasten

Cité Radieuse

schau mal!

Le Corbusier, *Cité Radieuse*, Marseille, Frankreich, 1952

Die Cité Radieuse in Marseille ist die berühmteste der Unité d'habitation (Wohneinheiten) und vielleicht Le Corbusiers ikonischstes Werk. Das Betonhochhaus besteht aus 337 Wohnungen auf 18 Stockwerken und hat viele andere Gebäude im brutalistischen Stil inspiriert. Wusstest Du, dass es in Berlin ein solches Betonhochaus von Le Corbusier gibt?

überleg mal!

Das Gebäude verfügt über viele Gemeinschaftsräume und ist sehr kinderfreundlich. Es hat sogar ein Planschbecken auf der Dachterrasse und eine Kunstschule für Kinder.

- Siehst Du, dass das Haus auf großen Säulen steht, wie Stelzen? Wie viele kannst Du zählen?
- Kann ein Gebäude beeinflussen, ob sich die Menschen darin glücklich fühlen? Was macht Dich in Deinem Zuhause glücklich?
- Wo verbringst Du zu Hause am liebsten Zeit – mit Deinen Freunden und Deiner Familie?

probier's aus!

Baue ein Mini-Hochhaus im brutalistischen Stil. Verwende dazu einen alten Schuhkarton und Pappe.

Du brauchst:

- Pappkarton (z. B. Schuhkarton)
- Wellpappe (je dicker, desto besser)
- Schere
- Kreppband
- Farbe (Rot, Blau, Gelb, Weiß)
- Mehrere Farbtöpfchen
- Pinsel

1

Schneide ein Stück Wellpappe so zu, dass sie in den Schuhkarton passt. So entstehen 2 Stockwerke.

2

Schneide 2 weitere Stücke zu, sodass sie quer hineinpassen. So entstehen 4 separate Wohnungen. Fixiere die Pappen wenn nötig mit Kreppband.

3

Male jede Wohnung in einer anderen Farbe an. Verwende dazu Rot, Weiß, Gelb und Blau, damit es aussieht wie die Cité Radieuse.

4

Schneide 4 identische Rechtecke aus Pappe aus, die die Säulen bilden, auf denen Dein Hochhaus stehen soll. Schneide aus einer kurzen Seite jedes Rechtecks ein dünnes Dreieck aus, damit sie trapezförmig werden.

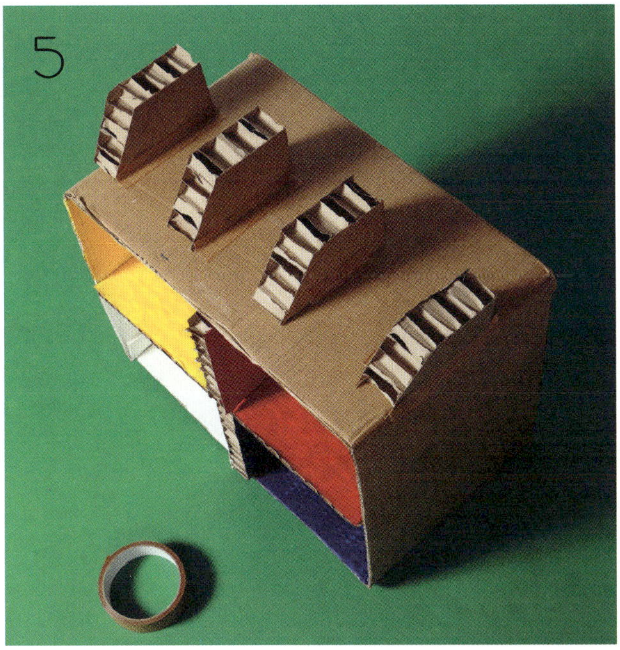

Die kürzeste Kante jeder Säule liegt unten und die schräge Seite zeigt nach vorne. Verteile die Säulen gleichmäßig auf der Grundfläche Deines Hochhauses und befestige sie mit Klebeband.

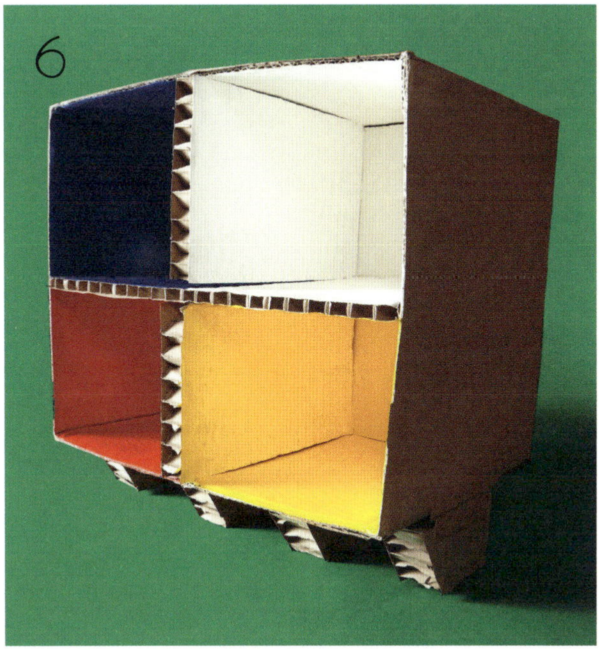

Drehe Dein Hochhaus auf die richtige Seite. Hast Du Spielzeug, das gerne in den Wohnungen leben würde? Du könntest auch versuchen, Möbel aus Pappe zu basteln, um sie zu dekorieren!

Top-Tipp! Deine Säulen sollten dick genug sein, damit sie das Gewicht tragen. Wenn nötig, kannst Du auch mehrere Säulen zusammenkleben.

Was noch?

Die Cité Radieuse steht in einem Park, umgeben von Bäumen. Wie wäre es, wenn Du aus dem restlichen Karton Bäume bastelst und um Dein Haus aufstellst? Du kannst auch weitere Details hinzufügen, zum Beispiel ein Planschbecken auf dem Dach!

Monster-Park

Der Golem

schau mal!

Niki de Saint Phalle, *Der Golem*, Park Rabinovitz West-Jerusalem, Israel, 1972

Schau, wie viele Zungen dieses schwarz-weiße Monster hat! Die Zungen werden als Rutschen benutzt! Diese Kreatur heißt »Der Golem« und ist Teil des architektonischen Spielplatzes der Künstlerin Niki de Saint Phalle für den Park Rabinovitz in West-Jerusalem.

überleg mal!

Der Entwurf für den Golem wurde zunächst als zu gruselig abgelehnt, aber Saint Phalle antwortete, »furchteinflößende Dinge sind gut, weil sie Kindern helfen, ihre Ängste zu überwinden«.

- Findest Du das Monster gruselig oder freundlich?
- Am Eröffnungstag gab es ein großes Fest und die Kinder spielten auf den Rutschen. Warst Du schon einmal auf einer Party in einem Park?
- Der Künstlerin schuf daraufhin einen Skulpturengarten. Was würdest Du in Deinen Traumspielpark einbauen?

probier's aus!

Entwirf Deinen Traumspielplatz mit einem freundlichen Monster und Zungen als Rutschen.

Du brauchst:

- Deckel eines Schuhkartons
- Altes Papier
- Knete
- Holzspatel
- Strohhalme
- Perlen
- Bastelkleber
- Pfeifenreiniger

1

Benutze den Deckel eines Schuhkartons als Basis für Deinen Spielplatz. Beginne mit der Herstellung Deines Monsters als Mittelpunkt! Zerknittere zunächst ein Stück Altpapier zu der Form, die der Körper haben soll.

2

Drücke ein Stück Modelliermasse flach, um das Papier zu bedecken. Forme es weiter und füge zusätzliche Knete hinzu, bis Du mit dem Körper Deines Monsters zufrieden bist.

3

Gib ihm ein Gesicht und forme für die Rutschen 3 Zungen aus roter Knete. Das ist Deine eigene Version des Golem!

4

Hier sind einige weitere lustige Ideen für Deinen Spielplatz, angefangen mit einer einfachen Wippe. Klebe einen großen Holzspatel auf ein Stück Strohhalm. Das ist eine Wippe! Dekoriere sie mit Perlen.

Top-Tipp! Bitte einen Erwachsenen, Löcher in den Deckel Deines Schuhkartons zu machen. Schiebe Pfeifenreiniger hindurch, um sie aufrecht zu halten.

5

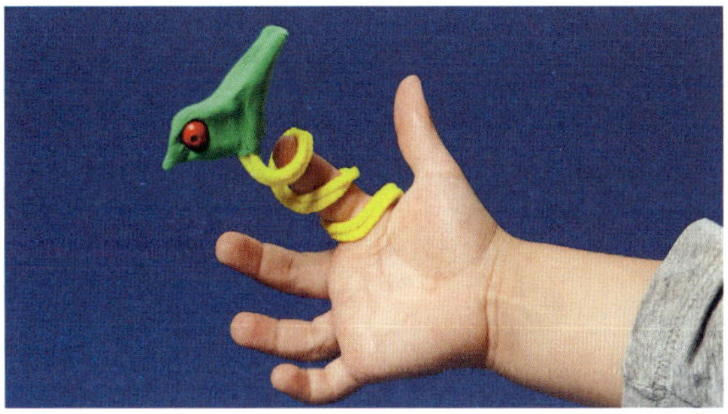

Für eine Federwippe forme ein kleines Tier aus Knete. Wickle dann einen Pfeifenreiniger um Deinen Finger, um eine Spirale zu bilden, und klebe das Tier an ein Ende.

6

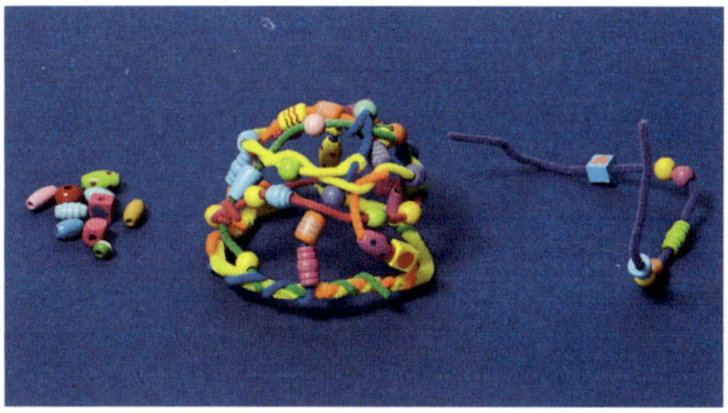

Bastle ein Klettergerüst aus Pfeifenreinigern. Experimentiere, indem Du sie in verschiedene Formen drehst und Perlen auffädelst.

7

Ordne alle Deine Spielgeräte auf dem Deckel Deines Schuhkartons an. Aber das ist noch nicht alles! Wie wäre es mit einer Schaukel?

Was noch?

Was wäre ein Park ohne einen Springbrunnen? Bastle aus Pfeifenreinigern und anderen Bastelelementen ein Wasserspiel, das Du neben Deinem Spielplatz aufstellen kannst. Fülle eine Schale mit Wasser. Gestalte 1 oder 2 Skulpturen, die Du darin platzieren kannst, inspiriert durch den Strawinsky-Brunnen in Paris. Was werden Deine Skulpturen darstellen? Eine Schlange, ein Herz oder vielleicht eine Meerjungfrau? Meerestiere eignen sich besonders gut.

Schwimmendes Haus

Sydney Opera House

schau mal!

Jørn Utzon, *Sydney Opera House*, Sydney, Australien, 1973

Das Sydney Opera House ist ein einzigartiges und weltberühmtes Bauwerk, das man sofort erkennt - dank seiner unglaublichen Muschelform aus Beton. Das Gebäude thront am Hafen von Sydney und sieht aus wie ein Schiff mit weißen Segeln.

Überleg mal!

Schau es Dir genauer an - zeigen alle Muschelformen in dieselbe Richtung? Kannst Du sie zählen?

- Findst Du auch, dass die Oper wie ein Segelboot aussieht? Oder erinnert sie Dich an etwas anderes?
- Würdest Du gern einmal hineingehen? Drinnen herrschen angenehme 22.5°C, sodass die Instrumente des Orchesters für Konzerte gestimmt bleiben.
- Neben Opern wird ein vielfältiges Programm aufgeführt, auch Veranstaltungen für Kinder. Was würdest Du Dir dort gern einmal ansehen?

probier's aus!

Stelle ein schwimmendes Opernhaus aus Papptellern her.

Du brauchst:

- 6 Pappteller
- Bleistift
- Schere
- Tacker
- Klebeband
- Alufolie

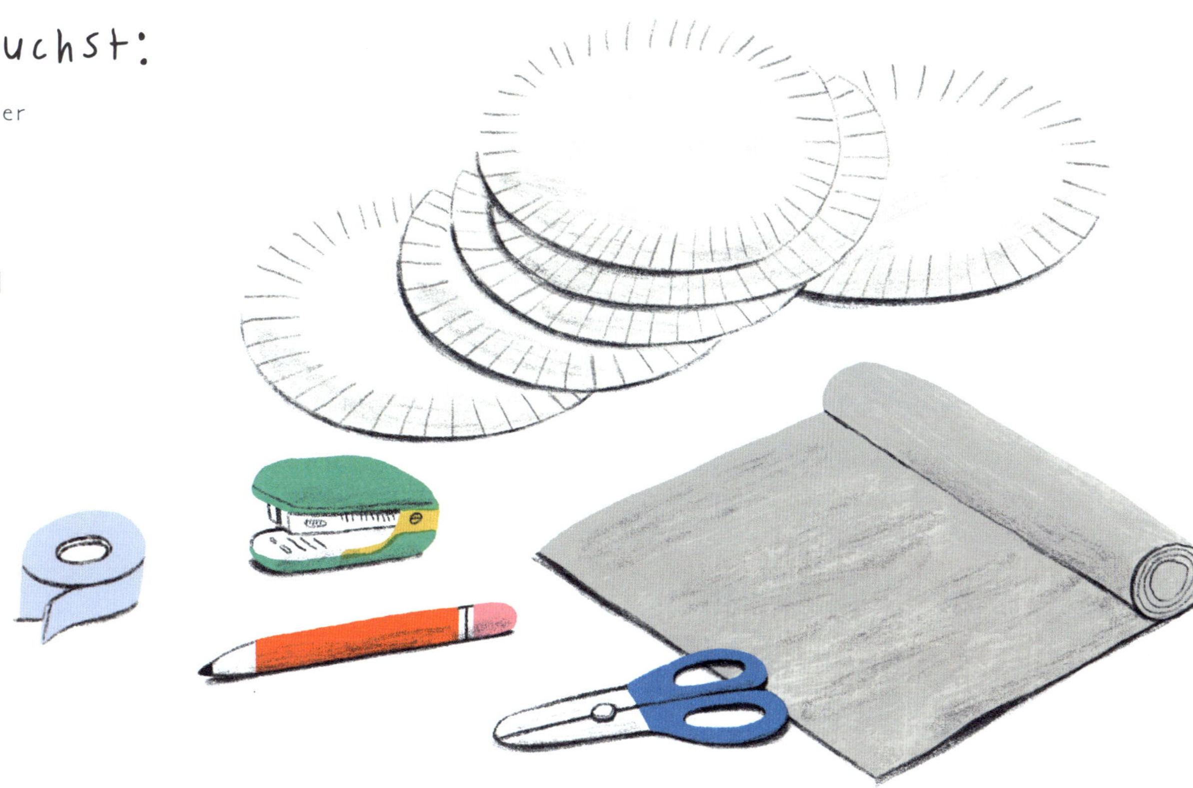

1

Zeichne zuerst eine schmale Augenform in die Mitte von 5 Tellern.

2

Schneide entlang der Linien und erhalte so 10 Halbmonde.

3

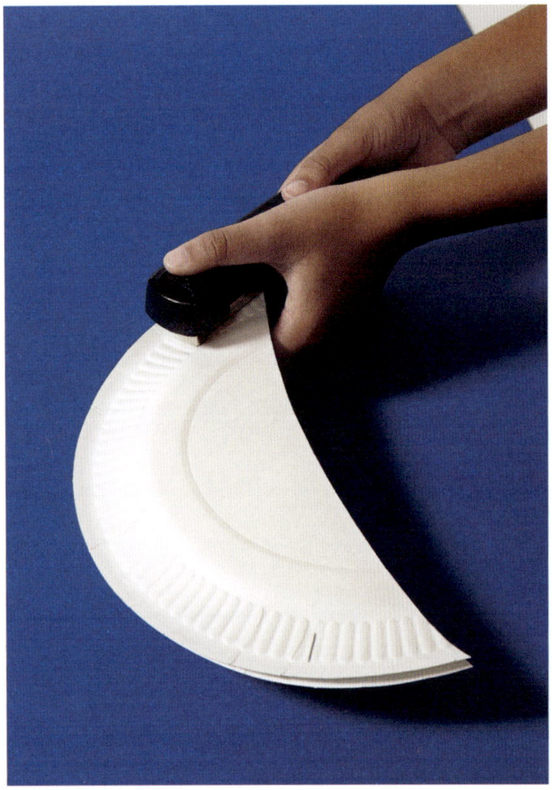

Lege die Halbmonde aufeinander und tackere sie mit 5 cm Abstand zur Ecke zusammen. Nun hast Du Deine 5 Muschelformen.

4

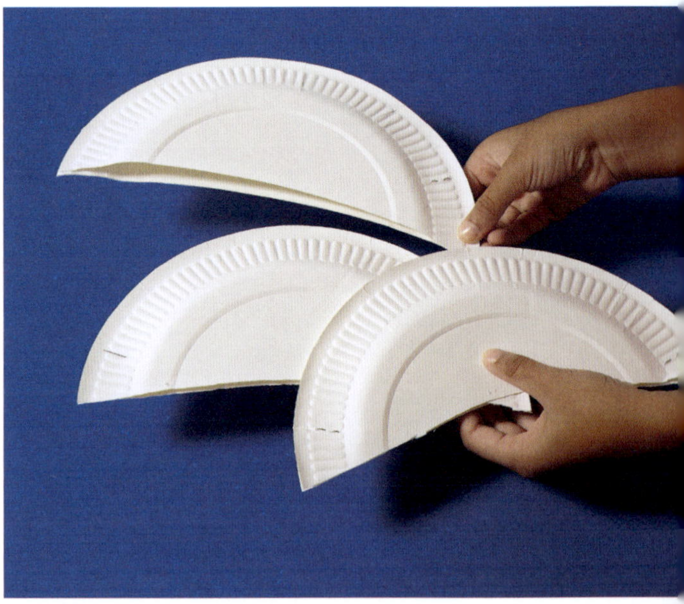

Stecke die Muscheln an den Rändern ineinander - ordne sie wie bei dem Opernhaus an. Tackere sie wieder zusammen.

Knicke die Ecken an der untersten Muschel nach außen und befestige sie mit Klebeband in der Mitte an dem verbliebenen Teller.

Wickle den unteren Teller mit Alufolie ein, um ihn wasserdicht zu machen. Probiere, ob die Konstruktion schwimmt.

Top-Tipp! Die Spüle oder ein Waschbecken eignen sich gut für den Schwimmversuch Deiner Oper. Du kannst es auch auf einem Teich ausprobieren.

Was noch?

Wir basteln Korken-Segelboote, die zu Deinem Opernhaus passen. Wähle 3 recycelte Korken und verbinde sie mit 2 Gummibändern zu einem Floß. Dann schneidest Du ein Segel aus farbigem Papier aus und fädelst es auf einen Cocktailspieß. Klebe es in die Mitte des Floßes. Jetzt ist es bereit zum Schwimmen!

ZEITGENÖSSISCHE ARCHITEKTUR?
KANN ICH!

In den letzten 20 Jahren haben die Architekten mehr denn je experimentiert – sie haben Materialien erforscht, sich von der Vergangenheit inspirieren lassen und sich mit aktuellen Herausforderungen auseinandergesetzt. Heute geht es weniger darum, höher zu bauen, sondern vielmehr um Experimente und das Austesten der Regeln der Architektur. In diesem Kapitel geht es um die futuristischen Formen von Zaha Hadid, und mit dem Künstler Tom Fruin werden vertraute Formen auf spielerische und farbenfrohe Weise neu interpretiert. Darüber hinaus schauen wir uns an, wie zeitgenössische Meisterinnen und Meister auf kreative und inspirierende Weise auf die Herausforderungen des Klimawandels reagieren, wie die Designer WOHA aus Singapur, die die Natur in ihr von Pflanzen überwuchertes Hotel einbeziehen, und wie Mariam Issoufou Kamara beim Bau des Dandaji-Marktes in Niger, die mit lokalen, nachhaltigen Materialien gearbeitet hat. Die verschiedenen Projekte in diesem Kapitel zeigen, wie grüne Technologie die Zukunft der Architektur beeinflussen und dennoch kreativ sein kann!

Kurvige Bauwerke

Heydar-Aliyev-Zentrum

schau mal!

Zaha Hadid, *Heydar-Aliyev-Zentrum*, Baku, Aserbaidschan, 2012

Das Heydar-Aliyev-Zentrum in Baku sieht aus wie eine große Welle, die gleich auf die Felsen prallen wird. Seine geschwungenen Formen sind weltberühmt. Es wurde von Zaha Hadid entworfen, einer Architektin, die für ihren futuristischen Stil und das Spiel mit Formen bekannt ist, um ungewöhnlich aussehende Gebäude zu schaffen.

überleg mal!

Die glatten Formen des Gebäudes sind sehr auffällig. Das Auge kann leicht den fließenden Kurven folgen.

- Kannst Du die geschwungene Form des Gebäudes mit Deinem Finger verfolgen?
- Kannst Du Dir vorstellen, das Gebäude als Riesenrutsche zu benutzen?
- Woran erinnert Dich das Gebäude? Eine Muschel? An den Wind? Oder an die Wellen des nahen Kaspischen Meeres?

probier's aus!

Stelle aus Papierstreifen eigene kurvige Gebäude her.

Du brauchst:

- Buntes Papier
- Lineal
- Bleistift
- Schere
- Klebestift

1

Zeichne mit Bleistift und Lineal Linien auf farbiges Papier. Schneide entlang der Linien, um Streifen in verschiedenen Längen, Breiten und Farben zu erhalten.

2

Versuche, das Papier zu rollen und zu falten, um verschiedene Formen und Kurven zu erzeugen. Forme dabei Spiralen und Kreise.

3

Falte ein kurzes Stück am Ende der Streifen um, damit Du sie befestigen kannst.

4

Nun kannst Du bauen! Klebe die umgefalteten Enden auf ein Blatt Papier und drücke sie 10 Sekunden an.

Top-Tipp! Jüngere Kinder können die Papierstreifen auch reißen, anstatt zu schneiden. Der Effekt, der dann entsteht, ist etwas gröber.

Füge weitere Papierstreifen hinzu, bis Dir Deine Konstruktion gefällt. Füge so viele Schlingen und Schlaufen hinzu, wie Du willst.

Füge weitere Details wie einen Brunnen oder Blumenbeete aus Papierspiralen hinzu.

Was noch?

Statt Dein Gebäude in 3D zu entwerfen, kannst Du es auch flach in 2D planen. Entwirf Dein ideales Haus, indem Du ganze Streifen auf einem Blatt Papier anordnest und aufklebst. Denke dabei über Formen nach. Möchtest Du ein Gebäude mit Kurven, wie ein Kreis, oder eckig, wie ein Dreieck?

Bleiglas-Turm

Tom Fruin's Watertower

schau mal!

Tom Fruin, *Watertower*, New York, USA, 2012

Der Künstler Tom Fruin hat den traditionell hölzernen Wasserturm neu gestaltet, indem er verschiedene Materialien und Farben verwendet hat. Die berühmte Skulptur auf dem Dach eines New Yorker Gebäudes, kann knapp 38.000 Liter Wasser fassen, das sind mehr als 200 Badewannen voll!

überleg mal!

Die Skulptur besteht aus Stahl und etwa 1.000 recycelten Plexiglasresten, die sie wie eine Kirchenfenster-Laterne aussehen lassen.

- Was bringt den Turm wohl nachts zum Leuchten? Der Mond? Straßenlaternen?
- Wassertürme speichern viel Wasser. Fallen Dir andere Konstruktionen ein, in denen Dinge aufbewahrt werden?
- Welches bunte Material sollte Deiner Meinung nach in modernen Gebäuden verwendet werden?

probier's aus!

Stelle Deinen eigenen leuchtenden Wasserturm her.

Du brauchst:

- Konservenglas (entferne alle Etiketten)
- Buntes Seidenpapier (in kleine Quadrate oder Streifen zerschnitten)
- Bastelkleber
- Wasser
- Schüssel
- Pinsel für den Kleber
- Holzspatel
- Hölzerne Wäscheklammern
- LED-Teelicht

1

Mische Kleber mit Wasser, bis er etwa so dick wie Pfannkuchenteig ist. Benutze einen Pinsel, um Dein Glas mit dem verdünnten Kleber zu bedecken.

Drücke Seidenpapierquadrate auf das Glas. Lege sie leicht übereinander, um Lücken zu vermeiden und neue Farben zu erzeugen.

Warte, bis das Glas getrocknet ist, bevor Du eine zusätzliche Schicht Klebstoff darübermalst, um das Seidenpapier zu sichern und zu lackieren. Lass es trocknen.

4

Fertige 2 Stützen für den Standfuß Deines Wasserturms an, indem Du Wäscheklammern an jedem Ende von 2 Holzspateln befestigst.

Top-Tipp! Für jüngere Kinder ist es einfacher, wenn das Seidenpapier bereits in kleine Stücke geschnitten ist.

Um zu erfahren, wie man den oberen Teil des Ständers herstellt, blättere auf Seite 90 und befolge die Schritte 1 und 2. Sobald er trocken ist, klebst Du ihn auf die Stützen.

Stelle Dein Glas mit einem LED-Teelicht oben auf den Ständer, damit Du ein buntes Nachtlicht hast.

Was noch?

Du kannst einen von der Natur inspirierten Wasserturm mit natürlichen Materialien anstelle von Seidenpapier basteln. Sammle im Frühling Blumen und Blütenblätter und im Herbst buntes Laub. Führe die gleichen Schritte wie oben aus und vergiss nicht die abschließende Klebeschicht, um Deinem Wasserturm ein schönes Finish zu geben.

Grüne Stadt

PARKROYAL COLLECTION Pickering

schau mal!

WOHA, *PARKROYAL COLLECTION Pickering*, Singapur, 2013

Dieses Hochhaus-Hotel ist so grün! Es sieht aus, als bestünde es aus Glas, Bäumen und Pflanzen. Die Architekten wollten das tropische Ökosystem Singapurs feiern und zeigen, dass ein Gebäude durch seine Begrünung sowohl attraktiv als auch nachhaltig sein kann. Einfach toll!

überleg mal!

Bist Du gern von Pflanzen umgeben – drinnen und draußen? Wie fühlt sich das an?

- Kannst Du Dir den Blick aus diesem Hotel vorstellen? Als wärst Du im Dschungel!
- Hast Du eine Lieblingspflanze?
- Was meinst Du, warum können grüne Gebäude wie dieses für Vögel und Insekten hilfreich sein?

probier's aus!

Bastle Dein eigenes nachhaltiges Hotel für Deine Spielzeuge – oder für Insekten.

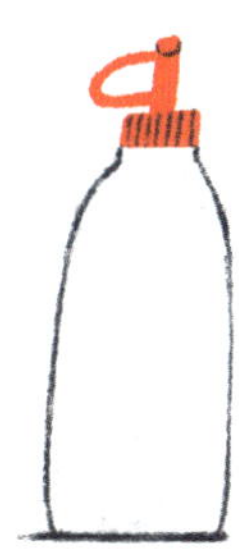

Du brauchst:

- Dicke Wellpappe (je dicker, desto besser)
- Normale Pappe
- Schere
- Bastelkleber
- Schüssel
- Klebespatel oder Pinsel
- Grünzeug: Zweige, Blätter, Moos …

1

Sammle Pappstücke, um Dein Hotel zu bauen. Du brauchst mindestens 1 großes Stück normaler Pappe für den Boden und 2 hohe Stücke dicker Wellpappe für die Wände.

2

Schneide lange schmale Stücke Wellpappe für die Balkone zurecht.

3

Klebe die Balkone an die Pappwände.

4

Wenn Du mit der Anzahl der Balkone zufrieden bist, stellst Du die beiden Wände aufrecht hin und klebst sie auf die Grundplatte, indem Du Kleber auf die unteren Kanten aufträgst. Drücke sie einige Minuten lang an und lasse sie dann weitere 5 Minuten trocknen.

Top-Tipp! Wenn Du keine grobe Wellpappe hast, klebe stattdessen mehrere Lagen aus normaler Wellpappe zusammen.

5

Verwandle Dein Gebäude in eine grüne Oase, indem Du Zweige und Blätter durch die Löcher im Karton steckst. Du kannst auch mehr Grün hinzufügen, indem Du Blätter um den Sockel und auf den Balkonen anordnest.

6

Lade Deine Lieblingstiere aus den Tropen zu Besuch ein, vor allem Käfer und Vögel, die auf die höheren Ebenen fliegen können.

Was noch?

Bastle Deinen eigenen hängenden Garten aus recycelten Plastiktöpfen (alte Obstbehälter eignen sich hervorragend, da sie bereits Abflusslöcher haben). Bitte einen Erwachsenen, Löcher in die oberen Ecken der Töpfe zu stechen, durch die Du Schnüre ziehen kannst. Binde die Töpfe mit langen Schnurstücken wie eine Leiter übereinander. Fülle die Töpfe mit Kompost und füge einige kleine Pflanzen hinzu, z. B. Kräuter. Hänge Deinen Garten an eine Wand oder in ein Fenster. Vergiss nicht, ihn zu gießen!

Sonnenschirm-Markt

Dandaji-Markt

schau mal!

Mariam Issoufou Kamara, Atelier Masōmī, *Dandaji-Markt*, Niger, 2018

Die farbenfrohen Vordächer bieten den Verkäufern und Besuchern dieses Marktes im Niger Schutz vor der Hitze der Sonne. Die 52 Marktstände bestehen aus gepressten Lehmziegeln und sind um einen uralten Baum herum gebaut worden.

überleg mal!

In dieser ländlichen Gegend ist der Markt ein zentraler Treffpunkt für die lokale Bevölkerung.

- Die Architektin Mariam Issoufou Kamara verwendete für die runden Vordächer recyceltes Metall aus der Region. Woran erinnern sie Dich? Seerosenblätter? Bäume oder Regenschirme?
- Die Vordächer wurden gebaut, um den Mangel an Bäumen auszugleichen, die in einem so heißen und trockenen Klima nur schwer wachsen können. Außerdem sehen sie toll aus!
- Kannst Du die unterschiedlichen Höhen erkennen? So kann Luft zirkulieren und die Menschen und Waren auf dem Markt kühlen.

probier's aus!

Du brauchst:

- 3 Metalldeckel (z. B. von Marmeladengläsern)
- Acrylfarben (Blau, Grün, Gelb)
- Pinsel
- Farbtöpfe
- 3 Papier-Strohhalme
- Gummiband
- Klebeband
- Lufttrocknender Ton
- Modellierwerkzeuge (optional)
- Papier
- Buntstifte

Gestalte ein buntes Metallvordach und einen Marktstand aus recycelten Glasdeckeln und Ton.

1

Reinige die Deckel gut, bevor Du sie anmalst (blau, grün und gelb).

2

Baue den Ständer, indem Du die 3 Strohhalme zusammenbindest.

3

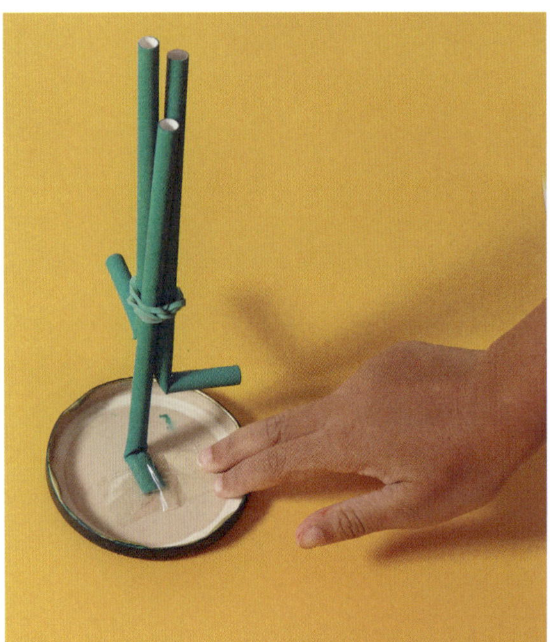

Biege die Oberteile der Strohhalme auf verschiedenen Höhen um. Befestige je einen an der Unterseite des Deckels mit Klebeband.

4

Baue Deinen Markt aus Ton, der an der Luft trocknet. Modelliere eine quadratische Grundplatte mit 3 Seiten, lass die Front offen. Mach ein Loch in eine Ecke, um das Dach zu befestigen.

Top-Tipp! Mach die Wände Deines Standes schön dick, damit sie stark genug sind, um die Überdachung zu tragen.

Stecke die Strohhalme Deines Vordachs in die Ecke und drücke den Ton vorsichtig darum herum, um ihn zu befestigen. Füge bei Bedarf etwas zusätzlichen Ton hinzu. Lass den Stand vollständig trocknen.

Zeichne einige Obst- und Gemüsesorten, die Du an Deinem Stand ausstellen kannst. Bananen, Ananas und Mangos wachsen alle in Niger. Schneide sie aus und arrangiere sie an Deinem Stand, um ihn zum Leben zu erwecken!

Was noch?

Auf dem Dandaji-Markt gibt es viele Dinge zu kaufen. Neben frischem Obst und Gemüse gibt es Stände, die bunte, gemusterte Kleidung und Stoffe verkaufen. Entwirf Deine eigenen bunten Stoffmuster. Schneide Dein gemustertes Papier in Kleidungsformen und kleine Stoffquadrate, um sie an Deinem Stand anzubieten.

Stapel bauen

Modernes Museum Odunpazari

schau mal!

Kengo Kuma, *Modernes Museum Odunpazari*, Türkei, 2019

Gebäude haben manchmal eine starke Bindung an ihren Standort. Das ist der Fall bei dem Modernen Museum Odunpazari in der Türkei. Der japanische Architekt Kengo Kuma ließ sich von den traditionellen osmanischen Häusern und hölzernen Marktständen in der Umgebung inspirieren.

überleg mal!

Das Museum sieht aus wie ein Stapel von Lattenkisten aus Holz.

- Erkennst Du, wie die Kisten miteinander verbunden sind? Das Ganze wirkt wie ein riesiges 3D-Puzzle!
- Fallen Dir weitere Gebäude aus Holz ein?
- Weißt Du etwas über die Geschichte Deines Wohnortes? Sehen viele Gebäude in Deiner Gegend ähnlich aus?

probier's aus!

Baue Deine eigene Holzkonstruktion aus Spateln und Wäscheklammern aus Holz.

Du brauchst:

- Holzspatel
- Bastelkleber
- Schale
- Kleberspatel oder Pinsel
- Hölzerne Wäscheklammern

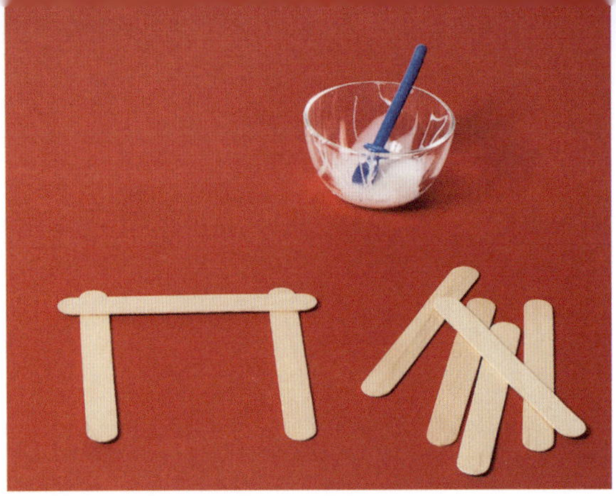

1

Beginne mit einem Rahmen aus 4 Spateln, die Du an den Enden zusammenklebst und zu einem Quadrat zusammenfügst.

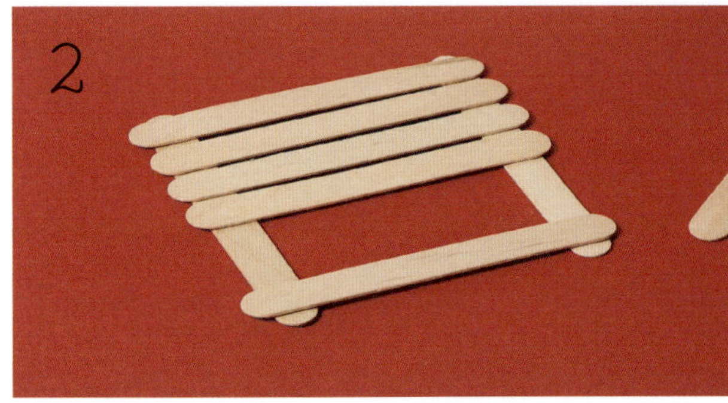

2

Klebe weitere Spatel auf den Rahmen, um einen Lattenrost zu erstellen.

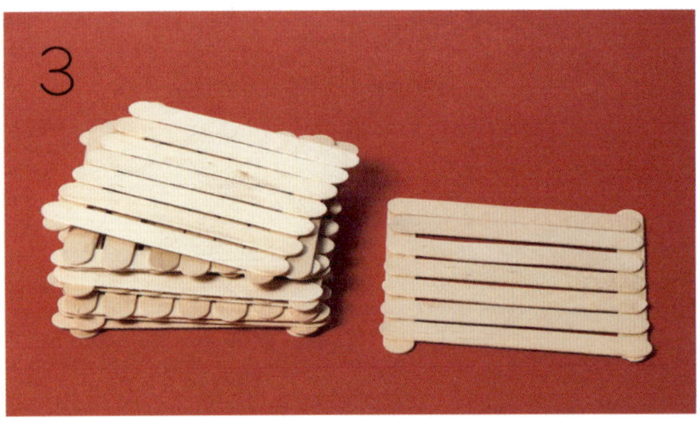

3

Wiederhole die Schritte und stelle insgesamt 8 Lattenroste her. Das werden die Wände, Decken und Böden Deines Gebäudes.

4

Baue die Stützen, indem Du Wäscheklammern an die Enden der Spatel befestigst. Stelle davon 10 Stück her.

5

Nun hast Du die Wände und die Stützen und kannst endlich bauen! Balanciere einen Rost auf 2 Stützen.

6

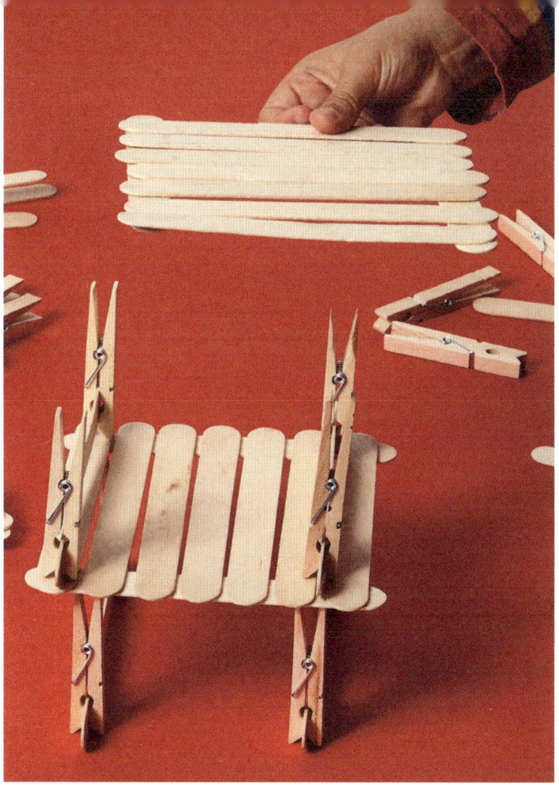

Baue höher, indem Du Stützen auf die erste Etage stellst und darauf weitere Böden legst. Baue so viele Etagen, wie Du magst.

Experimentiere mit verschiedenen Anordnungen - Du kannst dabei sowohl in die Breite als auch in die Höhe bauen. Die Wände erhältst Du, indem Du Lattenroste an die Seiten lehnst.

Top-Tipp! 2 Klammern mit einem Spatel dazwischen sind großartige Stützen. Sie sind besser als die Klammern allein.

Was noch?

Manchmal macht es genauso viel Spaß, eine Struktur zu zerstören, wie eine zu bauen. Wie wäre es mit einer Regenbogen-Dominokette? Bemale zunächst 12 Spatel. Befestige 2 Klammern an jedem Spatel und stelle sie in einer Reihe im Abstand von ca. 2 cm auf. Stoße das letzte Stäbchen an und sieh zu, wie sie alle umfallen!

Hütte aus Ton

TECLA-Haus

schau mal!

MCA - Mario Cucinella Architects, *TECLA - Technology and Clay*, Italien, 2021

Dies ist ein Prototyp für das weltweit erste vollständig in 3D gedruckte Haus, das mit Lehm aus der Umgebung hergestellt wird. Der Name TECLA setzt sich aus »tec« (Technologie) und »cla« (clay: Lehm) zusammen. Dieses Haus ist ein umweltfreundliches Gebäude, das nur aus natürlichen, recycelten und wiederverwendbaren Materialien besteht.

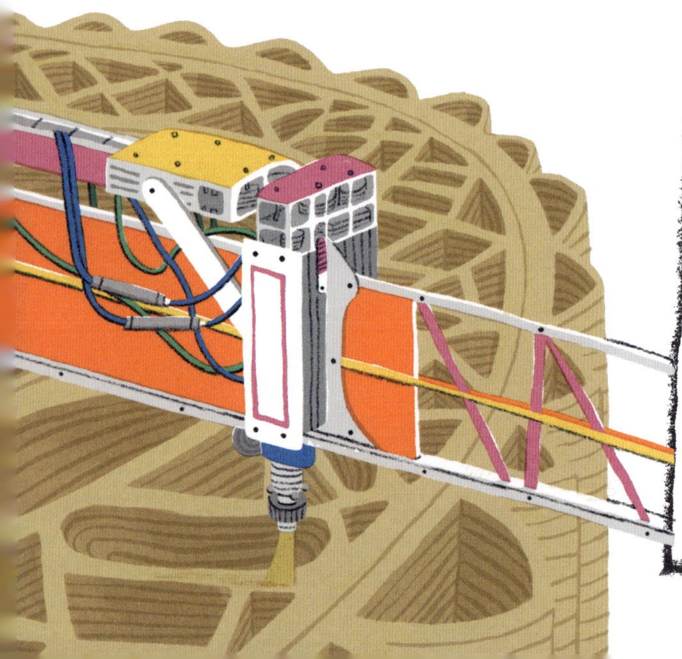

überleg mal!

Der Architekt Mario Cucinella und der 3D-Druckspezialist WASP haben diese Idee entwickelt, um einen klimafreundlichen Wohnraum zu schaffen, indem alte Baumaterialien und -techniken mit neuer Technologie kombiniert werden.

- Erinnert Dich die gewölbte Form an etwas? Das Design wurde von Töpferwespen inspiriert, die ihre Nester aus Schlamm bauen.
- Kannst Du Dir ein Haus vorstellen, das aus einem Drucker kommt? Spezielle Drucker spritzen Schicht für Schicht Lehm, der langsam ein Haus baut!
- Was meinst Du, welche Vorteile hat es, lokale und natürliche Materialien zum Hausbau zu verwenden?

probier's aus!

Baue eine gewickelte Lehmhütte.

Du brauchst:

- Lufttrocknenden Lehm oder Ton
- Kleine Wasserschüssel (um den Ton anzufeuchten und die Finger zu reinigen)
- Modellierwerkzeug (oder Tafelmesser)

1

Rolle Ton zwischen Fingern und Arbeitsfläche, um lange Schlangen zu erzeugen, die etwa 1 bis 2 cm dick sind.

2

Baue die untere Ebene, indem Du eine Tonschlange in einen Kreis legst. Wenn sie zu lang ist, überlappe das Ende und beginne damit die zweite Ebene.

3

Füge an das Ende der ersten Schlange die zweite an und wickle sie oben auf die ersten Ebene. Drücke sie etwas an, damit sie besser zusammenhalten.

4

Füge weitere Ebenen in Spiralen hinzu. Achte darauf, dass die Kreise nach oben hin etwas kleiner werden.

Top-Tipp! Du kannst auch Wasser verwenden, um die Fugen zwischen den Tonstücken zu glätten und sie so besser zusammenzuhalten.

5

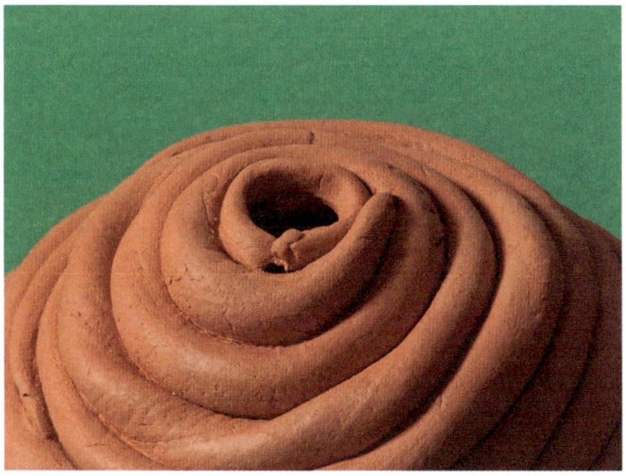

Lass oben in der Mitte ein kleines Loch, damit Licht eindringen kann.

6

Wiederhole die Schritte 1 bis 5, um eine weitere Mini-Hütte zu basteln.

7

Füge die beiden Hütten an den Seiten vorsichtig zusammen. Nun hast Du eine Hütte mit 2 Zimmern wie das TECLA-Haus.

8

Schneide mit dem Modellierwerkzeug oder einem Messer eine Tür hinein. Lass die Hütte dann vollständig trocknen.

Was noch?

Seit der Antike haben Menschen auf der ganzen Welt Gebäude aus Lehm und Ton gebaut! Sie bleiben im Inneren kühl und halten auch extremen Wetterbedingungen stand. Kein Wunder also, dass es in heißen Ländern wie Mali und Mexiko ganze Städte aus Lehm gibt. Warum nicht eine ganze Mini-Stadt aus Lehm bauen?

Liste der Bauwerke

Seite 7: Le Corbusier, Impression des *Modulor*, Betonguss in Nantes, 1955. Foto: J Ach. Courtesy Fondation Le Corbusier. © F.L.C./ADAGP, Paris und DACS, London 2024.
Seite 12: Stonehenge, Wiltshire, England, ca. 1800-1500 v. Chr. Donald Slack/Alamy Stock Photo.
Seite 16: Die Pyramiden von Gizeh, Ägypten, ca. 2575-2465 v. Chr. Dan Breckwoldt/Alamy Stock Photo.
Seite 20: Theseusmosaik aus einer römischen Villa, Österreich, ca. 300 n. Chr. Science History Images/Alamy Stock Photo.
Seite 24: Traditionelles Inuit-Iglu, Nordamerika. Ivan Kmit/Alamy Stock Photo.
Seite 28: Blackfoot-Tipi, Buffalo Lodge auf der Ranch Little Badger, Montana, USA, 1936. Water McClintock Papers. Yale Collection of Western Americana, Beinecke Rare Book and Manuscript Library.
Seite 32: Castelo do Almourol, Portugal, ca. 1100 n. Chr. Sérgio Nogueira/Alamy Stock Photo.
Seite 36: Zen-Garten Kare-sansui im Tempel Ryoan-ji, Kyoto, Japan, späte 1400er. beibaoke/Alamy Stock Photo.
Seite 42: Antoni Gaudí, *Sagrada Familia*, Barcelona, Spanien, 1882-2026. Michael Abid/Alamy Stock Photo.
Seite 46: Gustave Eiffel, *Der Eiffelturm*, Paris, Frankreich, 1889. Prasit Rodphan/Alamy Stock Photo.
Seite 50: Blick auf Manhattan, New York, USA. eye35/Alamy Stock Photo.
Seite 54: Charles und Ray Eames, *Eames House*, Santa Monica, USA, 1949. Mark Boster/Los Angeles Times via Getty Images.
Seite 58: Le Corbusier, *Cité Radieuse*, Marseille, Frankreich, 1952. Cavan Images/Alamy Stock Photo.
Seite 62: Niki de Saint Phalle, *Der Golem*, Rabinovitz-Park, Jerusalem, Israel, 1972. Eddie Gerald/Alamy Stock Photo.
Seite 66: Jørn Utzon, Sydney Opera House, Sydney, Australien, 1973. Howard Harrison/Alamy Stock Photo.
Seite 67: Background All/Shutterstock.
Seite 72: Zaha Hadid, *Heydar-Aliyev-Zentrum*, Baku, Azerbaidschan, 2012. Hemis/Alamy Stock Photo.
Seite 76: Tom Fruin, *Watertower*, New York, USA, 2012. Randy Duchaine/Alamy Stock Photo.
Seite 80: WOHA, *PARKROYAL COLLECTION Pickering*, Singapur, 2013. Foto: Patrick Bingham-Hal.
Seite 84: Mariam Issoufou Kamara, Atelier Masōmi, *Dandaji-Markt*, Niger, 2018. Foto: Maurice Ascani. © atelier masomi.
Seite 88: Kengo Kuma, Modernes Museum Odunpazari, Türkei, 2019. uskarp/Alamy Stock Photo.
Seite 92: MCA - Mario Cucinella Architects, *TECLA - Technology and Clay*, Italien, 2021. Foto © Iago Corazza. M. frdl. Gen. von MCA Architects.

Bauen? Kann ich!

ISBN 978-3-03876-306-2

2. Auflage

Übersetzung: Claudia Koch
Lektorat: Dr. Friederike Römhild
Layout: Ulrich Borstelmann
Projektleitung: Gregory C. Zäch

Midas Verlag AG, Dunantstrasse 3, CH 8044 Zürich
Webseite: www.midas.ch, E-Mail: kontakt@midas.ch

Midas Büro Berlin, Mommsenstraße 43, D 10629 Berlin
E-Mail: berlin@midasverlag.com (GPSR)

Englische Originalausgabe:
mini ARCHITECTS

MIX
Papier | Fördert gute Waldnutzung
FSC® C008047

Die deutsche Nationalbibliothek verzeichnet diese Publikation in der Deutschen Nationalbibliografie; detaillierte bibliografische Daten sind im Internet unter www.dnb.de abrufbar.

Für meine Kinder, die mich schreiben ließen, obwohl ich vermute, dass sie sicher lieber mit mir zusammen etwas gebaut hätten! Herzlichen Dank an die Architekten des Buches: Robert und dem Kinderbuchteam von T&H.
- J.S.

Für Lottie - für Deine Unterstützung, immer. Und für Joséphine für Deine Freundlichkeit und die Worte, die so viele kleine Künstlerinnen und Baumeister inspirieren werden.
- R.S.H.